基于BIM的钢桥正向设计与应用

下册：钢桥全生命周期信息化模型

主 编 韩大章
副主编 郭志明 戴 捷 石少华 华 新
　　　 丁 磊 高 波 樊启武 金红亮
　　　 尹梦祥

中国建筑工业出版社

图书在版编目（CIP）数据

基于BIM的钢桥正向设计与应用. 下册，钢桥全生命周期信息化模型/韩大章主编. —北京：中国建筑工业出版社，2021.5
ISBN 978-7-112-26038-6

Ⅰ.①基… Ⅱ.①韩… Ⅲ.①钢桥-桥梁设计-计算机辅助设计-应用软件 Ⅳ.①U448.362.5

中国版本图书馆CIP数据核字（2021）第058645号

目 录
CONTENTS

上册：钢桥工程信息学理论及参数化

第 1 章 概述 ········ 001
- 1.1 钢桥的发展及其特点 ········ 001
  - 1.1.1 钢桥发展概述 ········ 001
  - 1.1.2 最新钢桥建造研究概述 ········ 002
  - 1.1.3 钢桥特点简介 ········ 003
- 1.2 钢桥类型 ········ 004
- 1.3 钢桥设计原则 ········ 006
  - 1.3.1 钢桥设计主要依据标准规范 ········ 006
  - 1.3.2 钢桥设计基本原则 ········ 007
  - 1.3.3 钢桥设计荷载 ········ 008
  - 1.3.4 结构设计方法 ········ 009
- 1.4 钢材选型 ········ 012
  - 1.4.1 桥梁结构用钢 ········ 012
  - 1.4.2 型钢的选型 ········ 016
- 1.5 钢桥连接构造 ········ 018
  - 1.5.1 焊接 ········ 018
  - 1.5.2 螺栓连接 ········ 020
  - 1.5.3 螺栓连接和焊接并用连接 ········ 021
- 1.6 钢桥疲劳设计 ········ 021

第 2 章 钢箱梁桥设计要点及过程 ········ 022
- 2.1 钢箱梁桥构造及总体设计内容 ········ 022
  - 2.1.1 钢箱梁结构形式 ········ 022
  - 2.1.2 钢箱梁构造特点 ········ 023
  - 2.1.3 钢箱梁桥总体设计工作内容 ········ 023
- 2.2 钢箱梁详细设计流程及内容 ········ 031
  - 2.2.1 钢箱梁详细结构划分 ········ 031

2.2.2 各阶段钢箱梁构件设计与计算要求 ………………………… 031
   2.2.3 加劲肋设计 …………………………………………………… 032
   2.2.4 顶板系统设计 ………………………………………………… 037
   2.2.5 底板系统设计 ………………………………………………… 041
   2.2.6 跨间横隔板系统设计 ………………………………………… 042
   2.2.7 支点横隔板系统设计 ………………………………………… 044
   2.2.8 端封横隔板系统设计 ………………………………………… 045
   2.2.9 腹板系统设计 ………………………………………………… 045
   2.2.10 挑梁系统设计 ………………………………………………… 049
 2.3 钢箱梁结构设计计算内容 ……………………………………………… 050
   2.3.1 钢箱梁结构体系传力途径 …………………………………… 050
   2.3.2 设计计算流程 ………………………………………………… 050
   2.3.3 第一体系计算 ………………………………………………… 051
   2.3.4 第二体系计算 ………………………………………………… 054
   2.3.5 钢箱梁支点横隔板计算 ……………………………………… 055
   2.3.6 钢箱梁稳定验算 ……………………………………………… 055
   2.3.7 钢箱梁抗倾覆验算 …………………………………………… 057
   2.3.8 钢箱梁疲劳验算 ……………………………………………… 057
   2.3.9 钢箱梁挠度验算及预拱度设计 ……………………………… 058
 2.4 不同阶段设计出图及工程量统计要求 ………………………………… 058
 2.5 桥面系设计 ……………………………………………………………… 059
   2.5.1 桥面铺装设计 ………………………………………………… 059
   2.5.2 桥面排水设计 ………………………………………………… 064
   2.5.3 防撞护栏设计 ………………………………………………… 064
   2.5.4 检修道设计 …………………………………………………… 065
   2.5.5 伸缩缝设计 …………………………………………………… 065
   2.5.6 支座设计 ……………………………………………………… 067
 2.6 钢桥防腐设计 …………………………………………………………… 068

第3章 工程信息学及钢桥应用 …………………………………………… 069
 3.1 工程信息学概述 ………………………………………………………… 069
 3.2 工程设计与制造中的计算机系统综述 ………………………………… 069
   3.2.1 计算机辅助设计（CAD）系统 ……………………………… 070
   3.2.2 计算机辅助工程（CAE）系统 ……………………………… 070
   3.2.3 计算机辅助制造（CAM）系统 ……………………………… 071
 3.3 信息化技术在钢箱梁中的应用方案 …………………………………… 072

  3.3.1　钢箱梁产品特征 ·· 072
  3.3.2　钢箱梁并行和协同工程 ······································ 074
  3.3.3　钢箱梁工程信息框架 ·· 076
  3.3.4　钢箱梁信息建模方法 ·· 081
 3.4　钢桥全生命周期工程信息化 ·· 086
  3.4.1　钢箱梁信息模型产品和过程模型数据 ·························· 086
  3.4.2　钢箱梁信息模型的类属特征基本概念 ·························· 132
  3.4.3　钢箱梁信息模型的统一特征模式与共性特征 ···················· 135
  3.4.4　钢箱梁CAE系统的特性和互操作性 ···························· 135
  3.4.5　基于特征的钢箱梁产品设计 ·································· 139
  3.4.6　钢箱梁生产工艺的数据表达及建模 ···························· 139
  3.4.7　钢箱梁设计中智能知识获取方法 ······························ 144
 3.5　小结 ·· 147

第4章　钢桥设计信息化系统及参数化　148

 4.1　钢桥设计知识体系概述 ·· 148
 4.2　钢桥信息化系统数据库 ·· 149
 4.3　钢桥全生命周期信息化理论及系统 ·································· 150
  4.3.1　钢桥设计阶段信息 ·· 150
  4.3.2　钢桥加工制造阶段信息 ······································ 165
  4.3.3　钢桥架设施工阶段信息 ······································ 170
  4.3.4　钢桥运维养护管理信息 ······································ 170
  4.3.5　钢桥全生命周期的信息流转过程 ······························ 170

下册：钢桥全生命周期信息化模型

第5章　基于BIM的钢桥总体正向设计及实现　177

 5.1　BIM与BRIM的发展 ·· 177
 5.2　基于BIM的正向设计概述 ·· 180
  5.2.1　正向设计特点 ·· 180
  5.2.2　正向设计流程 ·· 181
  5.2.3　正向设计面临的问题 ·· 196
 5.3　CATIA概述 ·· 197
  5.3.1　CATIA与Revit的比较 ·· 197
  5.3.2　CATIA知识工程 ·· 199
  5.3.3　CATIA知识重用 ·· 201

5.3.4	CATIA 在桥梁设计上的应用	202
5.4	软件环境预设及操作	204
5.4.1	操作环境设置	204
5.4.2	操作界面设置	206
5.4.3	桥梁模型信息输入	206
5.5	钢桥 BIM 模型简介	212
5.5.1	模型文件命名规则	212
5.5.2	构件命名规则	213
5.5.3	桥梁工程模型分类及建模深度	213
5.5.4	钢桥建模构件分类	220
5.6	三维地质建模	221
5.7	桥梁设计中心线创建	229
5.7.1	常用函数及字典	229
5.7.2	创建里程桩号表	230
5.7.3	创建桥梁平竖曲线	231
5.7.4	绘制定位点、面	234
5.7.5	示例代码	238

第6章 基于 BIM 的钢桥上部结构正向设计 241

6.1	概述	241
6.2	桥面铺装信息化建模	241
6.2.1	桥面铺装构成	241
6.2.2	铺装层信息化	242
6.3	主梁设计信息化过程	243
6.3.1	顶板、腹板和底板信息化内容及流程	244
6.3.2	加劲肋信息化内容及流程	248
6.3.3	加劲肋信息化建模	253
6.3.4	横隔板信息化内容及流程	261
6.3.5	横隔板信息化建模	268
6.3.6	箱梁装配	271
6.3.7	梁段装配过程	273
6.3.8	超高加宽梁段建模	276
6.4	支座信息化建模	278
6.5	伸缩缝信息化建模	282
6.6	小结	285

第7章 基于BIM的钢桥下部结构正向设计 ·············· **288**

- 7.1 塔标准节段信息化建模 ·············· 288
  - 7.1.1 索塔横隔板信息化建模 ·············· 288
  - 7.1.2 塔身轮廓信息化建模 ·············· 291
  - 7.1.3 变截面塔身信息化建模 ·············· 293
  - 7.1.4 主塔节段信息化建模 ·············· 295
  - 7.1.5 主塔节段预留孔建模 ·············· 295
- 7.2 墩柱信息化建模 ·············· 296
- 7.3 承台信息化建模 ·············· 300
- 7.4 桩基础信息化建模 ·············· 302
- 7.5 护栏信息化建模 ·············· 303
- 7.6 小结 ·············· 305

第8章 基于BIM的拉索体系正向设计 ·············· **308**

- 8.1 斜拉索设计信息化流程及内容 ·············· 308
  - 8.1.1 拉索骨架线建立 ·············· 308
  - 8.1.2 拉索信息化建模 ·············· 310
- 8.2 钢锚箱信息化建模 ·············· 313
- 8.3 钢锚梁信息化建模 ·············· 317
- 8.4 基于BIM正向设计的钢锚梁分析 ·············· 328
  - 8.4.1 桥塔参数设计概述 ·············· 328
  - 8.4.2 钢锚梁参数取值对比分析 ·············· 329
  - 8.4.3 钢塔CATIA有限元计算分析 ·············· 336
  - 8.4.4 塔上锚固区有限元计算分析 ·············· 344
- 8.5 螺栓信息化建模 ·············· 350
- 8.6 小结 ·············· 351

第9章 钢结构加工及施工架设过程的BIM应用 ·············· **354**

- 9.1 工程深化设计出图 ·············· 354
  - 9.1.1 出图类型及标准 ·············· 354
  - 9.1.2 出图软件预设 ·············· 356
  - 9.1.3 出图及标注 ·············· 367
- 9.2 工程量统计 ·············· 371
- 9.3 碰撞检查 ·············· 374
- 9.4 钢结构加工BIM应用 ·············· 375
  - 9.4.1 简介 ·············· 375

  9.4.2 应用优势总结 ·············· 376
 9.5 数字化预拼装、施工技术 ·············· 377
  9.5.1 数字化预拼装技术 ·············· 377
  9.5.2 施工过程模拟 ·············· 378
  9.5.3 施工监测与控制 ·············· 379
 9.6 CATIA V6 在深化加工详图中的应用 ·············· 381
  9.6.1 基本特点 ·············· 381
  9.6.2 出加工图的优势 ·············· 381
  9.6.3 施工详图出图流程 ·············· 383
  9.6.4 出图系统使用介绍 ·············· 388

附录A 桥梁工程信息分类与编码表 ·············· **397**

参考文献 ·············· **430**

第 5 章　基于 BIM 的钢桥总体正向设计及实现

5.1　BIM 与 BRIM 的发展

BIM 是当今一个比较活跃及受关注的研究热点，可解决在建筑物的整个生命周期（覆盖从可行性规划和方案设计到拆除和再循环利用的各阶段）中与信息共享、互操作性和有效的合作相关的问题。BIM 有两个不同但密切相关的研究领域，第一个领域是计算机辅助设计（CAD），重点关注计算机设计和软件模型建立、应用；第二个领域是建筑产品信息的表达，关注以有组织的方式提供与建筑构件各方相关的信息。CAD 应用是建筑工程中最早使用的计算应用之一。在 20 世纪 70 年代，CAD 项目旨在创建设计图纸和建筑性能措施。在 20 世纪 90 年代中期，Autodesk 的 DXF 格式成为交换二维几何信息的行业标准。CAD 的主要缺点是，CAD 文件中的绘图只包括平面多边形和简单三维图形，而这些图形并不包含有关建筑物及其构件的语义和本体（即产品）信息。在 CAD 领域发展的同时，建筑产品信息的表达也产生了一些成果，例如材料分类系统的定义，诸如 OMNICLASS 和 UNIFORMAT 的分类系统后来成为构建产品模型理念的基础（其中语义信息与几何信息存储在一起）。

早期的产品模型包括通用建造工业领域参考模型（GARM）、集成核心模型（ICM）和集成参考模型体系结构（IRMA）。构建产品模型的定义背后的想法是在最合适的时间向合适的项目参与方提供与构建相关的产品信息。建筑产品模型具有以下特点：提供了所有建筑元素在紧密集合形式的详细几何图形和语义信息；重点解决建筑行业软件应用程序之间互操作性差的问题，其中大多数是根据 ISO10303 数据定义准则来定义。ISO10303 又称 STEP（产品型号数据交换标准），于 1990 年初作为一个正式标准出现，用于在所有生产行业交换产品数据。STEP 标准原来是针对 CAD 数据转换存在的问题而提出的，STEP 标准明确了数据共享和交换之间的差异，STEP 标准确定了数据存储和交换的四个实现级别。随着建筑物建造核心模型（BCCM）的发展，建立产品模型的工作继续进行，该模型后来被批准为 STEP 标准（ISO10303）的第 106 部分。

建造业中信息传递的传统、常规方式是"以文件为中心"，文件内容包括图纸、法规、合同、约定、协议、规格等，存储在文档中的信息形式丰富且多维。施工过程中各方被要求利用文件交流或共享信息时，各方之间的沟通面临巨大障碍，极大地影响了行业的效率和业绩。由于缺乏互操作性（即信息交换效率低下），美国基础设施行业每年损失158亿美元。BIM初期的重点是克服在建筑物整个生命周期中与信息传递和共享有关的问题。BIM的目标是成为建筑业集成、互操作性和协作的促进者。BIM中的信息记录了建筑物在设计、建造和运维状态的物理和功能特征，BIM过程可以被定义为信息管理过程，关注通过在项目和建筑全生命周期的所有阶段协作使用丰富语义的三维数字建筑模型，推动项目流程和交付的信息集成方式。BIM过程是独特的，是基于数字化、共享、集成和互操作的建筑信息模型。BIM模型是丰富语义的共享三维数字建筑模型的集合，BIM的特征如下：

（1）面向对象：大多数BIM都是以面向对象的方式定义的；

（2）开放、对供应商中立：BIM是为有效的信息交换和共享而开发的，因此，开放/非专有和对供应商中立被认为是一个重要特征；

（3）支持互操作性：互操作性是其自然特性，开发BIM是为了克服互操作性不足的问题；

（4）数据丰富且全面：BIM数据丰富且全面，涵盖了建筑物的所有物理和功能特性信息；

（5）可扩展性：BIM可以扩展以覆盖信息领域的不同方面；

（6）三维可视化：BIM是以三维的形式表示结构物的几何形状；

（7）涵盖项目全生命周期各阶段：BIM涵盖了项目全生命周期的各阶段，为了表示建筑物的N维信息，模型对象可以在全生命周期的不同阶段处于不同状态；

（8）空间相关性：在BIM中，建筑元素之间的空间关系是以分层方式进行的；

（9）丰富的语义：BIM存储了大量关于构建元素的语义（功能）信息；

（10）支持模型视图：模型视图是从基本信息模型生成模型的子集，BIM支持视图的生成；

（11）可共享、存储和交换：BIM可以作为文件或数据库存储，可在数据库或API的帮助下共享（作为物理文件），也可以以物理文件的形式进行交换。

BIM适用于不同领域和不同层次；可将模型作为实现互操作性的重要资源，也可将BIM作为通过单一共享信息主干网管理项目的过程。许多研究都致力于如何利用BIM促进N维模拟应用，新加坡等国家使用BIM来验证建筑模型是否符合规范和法规。BIM还可促进节能建筑的设计，从而解决可持续性和减少二氧化碳排放问题。根据使用环境的不同，BIM管理信息系统可以具有不同的功能，例如作为连接宏观和微观城市空间（即城市和建筑物层面）的空间连接器、促进各利益相关方之间信息共享的互操作性使能器和使用的软件应用程序、在建筑物整个生命周期存储建筑物信息的数据存储器、促进建筑物全生命周期中与采购有关的若干任务的采购促进者、实时使用和管理共享建筑物信息的协作支持器中一个过程模拟器（即 N 维）、系统集成商（可整合多个业界资讯系统）、通过互联网即时按需提供建筑信息服务以及支撑应急的行动工具。

  BIM 是共享的知识资源，可获取有关基础设施类的各项信息，为其全生命周期内的决策提供可靠的基础。BIM 不仅是 3D 建模工具或者方法，还在信息化领域中创建了新的工作模式拓展至建筑行业，推动传统设计方法更多地以技术协作为中心，可认为 BIM 是推动建筑行业工作模式和状态改变的信息化手段。桥梁信息建模（BRIM）是一项在桥梁行业产生工作模式重大转变的技术革新，作为 BIM 技术的扩展，该技术已被用于多个桥梁工程信息化和数字化。虽然桥梁和建筑具有一定的相似度，但在构造、操作和构件分类方面有很大的不同。现有的三维 CAD 解决方案不足以利用桥梁的信息模型，因为主要技术改进是在可互操作软件之间有效交换信息的必要条件。当前的 BIM 并不能直接应用于桥梁，但可采用开发基于 BIM 的解决方案来改进桥梁设计和施工，包括方案设计、初步设计优化、施工图设计优化、施工顺序优化、施工进度安排、施工管理和施工，从而提高设计和施工的效率和有效性流程监管，但只能针对普通简支梁且施工工艺与建筑物大体一致的结构，应用范围极窄。从规划、设计到维护，BRIM 可用于桥梁全生命周期管理的许多方面，包括规划综合调查、设备控制、成本估算、材料清单、桥梁检测以及与维修加固相关的决策。BRIM 的其他用途包括设计检查、结构分析、自动估算、四维（4D）调度、五维（5D）施工管理和数字模型。此外，BRIM 还能生成工程文档，如桥梁检测和评估报告、水力计算记录和地质勘察报告。从项目规划到加固改建，BRIM 使整个桥梁全生命周期受益。通过使用 BRIM，可以获得更高的质量、更快的交付速度和更经济的桥梁全生命周期成本，减少项目交付时间、错误和成本也是潜在的好处。BRIM 还能保持高水平的防灾安全，BRIM 可用于选择合适的施工方法和规划现场活动，以避免空间冲突，跟踪和评估桥梁结构状况以预防安全事故。具有信息源数据的基于对象的三维模型可用于有效的协同设计和打通各阶段的共享信息模型。据 2014 年建筑业采用 BIM 的情况调查表明，BIM 实施很少的原因是：(1) BIM 对象从捕获的构建数据到语义的高级建模/转换工作具有挑战；(2) BIM 中的信息更新不及时；(3) 处理现有建筑物中发生的 BIM 中的不确定数据、对象和关系。以上挑战都存在于 BRIM 中。

  2014 年，Fox 报告称，BIM 减少了错误和遗漏，改善了流程结果，降低了项目成本。对于桥梁领域，在桥梁项目全生命周期各阶段中，手动记录、输入、修改或者删除数据是冗长、耗时、费力和易出错的过程。当前广泛使用的 CAD 类和办公类软件在数据交换、传递方面也在一定程度上需要手工输入数据。例如，设计工程师在软件程序中生成的详细方案、图纸、说明和估算报告等资料仍然通过2D图纸或纸质文档传递给施工人员、加工深化详图设计人员和养护人员。而他们又各自将信息输入到不同的软件中，由于缺乏互操作性，即缺少在不同的软件之间交换数据的能力，目前已经成为桥梁信息化的主要障碍。在桥梁全生命周期过程中，需要可靠、自动和标准化的信息交换或者电子数据交换。为了做到这一点，需要有数据或者信息的具体描述和编码标准等，然而，目前桥梁行业尚无此类标准。目前BIM应用大都只侧重于房屋建筑物，不包含桥梁和其他领域。BRIM技术可被用于克服该问题，其能以虚拟的电子方式交换数据，是广泛认可的中立数据载体，并能明确桥梁全生命周期各阶段过程中所包含的信息内容量和信息表达。其中全生命周期各阶段过程中所包含的信息内容量和信息表达是最重要的工作，也是桥梁信息化能否成功的关键，本书对此进行详细梳理、介绍。

5.2 基于BIM的正向设计概述

在传统设计中，景观、结构、管线、给水排水等专业相互独立，各专业之间的信息沟通主要是靠人工沟通和纸质资料的传递，难度很大、效率很低。另外，与不具有技术知识的业主之间由于缺乏可视化工具往往会造成返工、失误等问题。基于BIM的正向设计是将设计师的思路直接呈现在BIM平台的三维空间，通过三维模型来让景观、结构、管线、给水排水等专业相互协作，确保无误后，进行规范验算，再在BIM平台生成具体二维图。通过各专业的无缝衔接协同减少后期变更次数。利用全生命周期的信息化模型促进桥梁工程的完成，促进各专业的信息沟通。BIM正向设计的优势在于会将全部构件节点、部件模块加入到参数化设计、优化方案、自动出图及合规性验算，做到无缝关联和同步优化，实现智能化、自动化设计。

5.2.1 正向设计特点

（1）可视化

基于BIM的正向设计能实现可视化设计，设计师之间以及设计师与其他项目参与人员可通过模型的可视化展示进行有效沟通。BIM模型可以显示构件的材质和属性、构件的连接方式等真实信息，有利于提高设计的效率。

（2）参数化模型、批量化图纸

全参数化的协同三维模型，使得二维图纸能够随三维模型的参数变化而变化。基于三维模型建立标准模板的二维平、立、剖面图纸与三维模型相关联，同类型的图纸能够批量化生成。

（3）构造的碰撞检查，用料精确分析

数字化预拼装，解决了二维设计中存在的"错、漏、碰、缺"问题，提前发现设计中的"错、漏、碰、缺";精确的三维模型保证了精确的工程量。

(4) 可不断完善建立桥梁参数化标准构件库

标准构件库的建立,将大幅度降低 BIM 的实施成本,充分实现 BIM 技术所带来的效率价值,将设计知识习惯和方法进行归纳和总结,融入其中。

(5) 自动规范及有限元验算

形成 BIM 模型与有限元模型的关联,采用传统有限元分析软件识别和读取 BIM 模型的截面信息和整体工况,在现行规范、规程和标准的指导下进行结构分析,为桥梁项目的自动设计提供了有效的支持。

5.2.2 正向设计流程

BIM 正向设计的流程包括以下几个步骤:

(1) 收集设计相关资料

正向设计本质上还是设计,需要收集设计现场资料,不仅包括地质环境等设计基础资料,还包括各阶段信息化模型的提交标准、制图要求、模型包含信息的详细程度等资料。由于构件信息逐步深化的理念与桥梁的设计过程思路相同,根据钢桥设计不同阶段需要提交模型的信息化程度不同,交付的成果也不同,将构件信息化程度也按照可研、初设、施工图三个阶段来划分。几何信息是控制模型变化的关键要素,非几何信息是工程所具有的实际含义,通过信息化模型来体现不同阶段需要包含的信息。在可研阶段,根据提交图纸的要求,将报告文件所需要的边界条件及输出信息成果整理如表 5-1 和表 5-2 所示。

可研阶段包含的边界条件　　　　表 5-1

	信息		详细内容
1. 规划条件	1. 路网	1. 道路衔接	
		2. 地块利用	
		3. 高程条件	
	2. 技术要求	1. 道路等级	
		2. 宽度组成	
		3. 设计时速	
		4. 荷载要求	
		5. 桥下净空	
	3. 管线	1. 电力	
		2. 通信	
		3. 燃气	
		4. 给水	
	4. 景观	1. 结构形式	
		2. 涂装色彩	
		3. 景观照明	

续表

信息			详细内容
2. 自然条件	1. 地形地貌	1. 自然地形	
		2. 控制构筑物	管线、建筑、构筑物、道路等
	2. 水文条件	1. 水位	枯水期；丰水期；洪水期
		2. 水流流速	
		3. 河堤	平面；立面；马道；抢险通道
		4. 地下水位	
	3. 地质条件	1. 地震	
		2. 地层岩土特性	
		3. 不良地质条件	
		4. 岸坡稳定性评价	
	4. 气候条件	1. 空气湿度	
		2. 风	
		3. 温度	
		4. 降雨量	
		5. 降雪量	
	5. 腐蚀性条件	1. 空气	
		2. 水等流体	
		3. 土体	
3. 专项	1. 环境影响评价	1. 施工工艺影响	
		2. 材料使用影响	
		3. 设计构造影响	
	2. 文物保护评估	1. 避让要求	
		2. 文物条件	
	3. 地质灾害评价	1. 基础形式	
		2. 加固措施及范围	
	4. 压覆矿评价	1. 矿产类型	
		2. 埋藏条件	
		3. 腐蚀性	
	5. 防洪评价	1. 水位	
		2. 冲刷	
		3. 调治构筑物	
		4. 岸坡稳定性	
		5. 塌岸稳定性	
	6. 通航论证评价	1. 通航限界	
		2. 防撞设施	
	7. 地震安全性评价	1. 地震烈度	
		2. 地震作用效应	

续表

信息		详细内容	
4. 造价信息	1. 材料信息		
	2. 运距		
	3. 类似项目投资经验		
	4. 编制依据	1. 定额	
		2. 编制依据	
		3. 地方政策	

可研阶段包含的输出信息成果　　　　表 5-2

信息		详细内容	
1. 设计说明	1. 项目地理位置图	1. 地理位置	
		2. 路线走向	
		3. 周边环境信息	
	2. 设计依据	1. 规划条件	
		2. 专项评价	
		3. 项目建议书及有关文件	
	3. 主要技术标准	1. 道路等级	
		2. 设计时速	
		3. 道路宽度	
		4. 地震烈度及抗震	
		5. 桥下净空	
		6. 洪水频率	
		7. 航道等级	
		8. 基准期及使用年限	
		9. 环境类别	
	4. 设计采用的规范		
	5. 自然条件	1. 地形地貌及交通条件	
		2. 气象水文	
		3. 地质构造及地震	
		4. 地层岩性	
		5. 不良地质条件	
		6. 岸坡稳定性评价	
		7. 水土腐蚀性评价	
		8. 相关建议	
		9. 场地材料	
	6. 工程建设方案	1. 建设条件分析	场地;地质;规划
		2. 设计原则	
		3. 方案提出	桥位;结构几何;材料

续表

信息			详细内容
1. 设计说明	6. 工程建设方案	4. 方案主体设计	总体布置;断面宽度;结构描述;施工方案
		5. 方案比选及确定推荐方案	优缺点;工期;景观;管养;施工;投资
		6. 桥头引道	
		7. 附属工程	照明;排水;交通安全;驳岸工程;防撞;过桥管线;调治构筑物
		8. 抗震设计	
		9. 耐久性设计	
		10. 对环境、防洪、通航、节能等方面的论证	
		11. 存在的问题及下阶段注意事项	
2. 图纸部分	1. 效果图		透视;鸟瞰
	2. 桥梁表		
	3. 项目平纵面图	1. 地质平面	
		2. 地质纵面	
	4. 桥型布置图	1. 跨度	跨径;联长
		2. 结构构造	结构类型;尺度;描述;相交道路及影响构筑物
	5. 施工工艺图		
	6. 附属设施布置图	1. 桥面铺装	
		2. 桥面绿化	
		3. 桥面照明	
3. 投资估算	1. 编制说明	1. 项目描述	
		2. 编制依据	
		3. 投资情况的总结	
	2. 项目总投资估算表	1. 单项工程建安投资	
		2. 总投资	

在初设阶段,根据提交成果的深度,将初步设计所需要的边界条件及输出信息成果整理如表 5-3 和表 5-4 所示。

初设阶段包含的边界条件 表 5-3

信息		详细内容
1. 可研阶段批复	1. 投资	
	2. 道路等级	
	3. 设计时速	

续表

信息			详细内容
1. 可研阶段批复	4. 宽度组成		
	5. 航道等级		
	6. 过桥管线		
	7. 景观要求		
2. 初步勘察阶段成果	1. 地形地貌	1. 自然地形	
		2. 控制构筑物	管线、建筑、构筑物、道路等
	2. 水文条件	1. 水位	枯水期；丰水期；洪水期
		2. 水流流速	
		3. 河堤	平面；立面；马道；抢险通道
		4. 地下水位	
	3. 地质条件	1. 地震	
		2. 地层岩土特性	
		3. 不良地质条件	
		4. 岸坡稳定性评价	
	4. 气候条件	1. 空气湿度	
		2. 风	
		3. 温度	
		4. 降雨量	
		5. 降雪量	
	5. 腐蚀性条件	1. 空气	
		2. 水等流体	
		3. 土体	
3. 路线资料	1. 平面		
	2. 纵面		
	3. 横断面		
	4. 横坡及超高		
	5. 宽度变化		
4. 施工条件	1. 运输条件	1. 通行净宽及净高	
		2. 限重	
		3. 机械设备	
		4. 运输设备	
	2. 场地条件	1. 拼装场地	
		2. 堆料场地	
	3. 材料条件	1. 混凝土供应	
		2. 钢结构制造	
	4. 作业条件	1. 安装方式	
		2. 安装限制	

续表

信息		详细内容	
5. 造价信息	1. 材料信息		
	2. 运输		
	3. 类似项目投资经验		
	4. 编制依据	1. 定额	
		2. 编制依据	
		3. 地方政策	
	5. 特殊材料询价		

初设阶段包含的输出信息成果　　　　表 5-4

信息		详细内容	
1. 设计说明	1. 项目地理位置图	1. 地理位置	
		2. 路线走向	
		3. 周边环境信息	
	2. 工程概况	1. 范围、规模	
		2. 对可行性报告的执行情况	
		3. 测设经过	
		4. 设计范围及包含内容	
	3. 设计依据	1. 可研阶段的批复	
		2. 规划条件	
		3. 初堪成果	
		4. 其他专项批复	
	4. 主要技术标准	1. 道路等级	
		2. 设计时速	
		3. 道路宽度	
		4. 地震烈度及抗震	
		5. 桥下净空	
		6. 洪水频率	
		7. 航道等级	
		8. 基准期及使用年限	
		9. 环境类别	
	5. 设计依据的规范标准		
	6. 自然条件	1. 地形地貌及交通条件	
		2. 气象水文	
		3. 地质构造及地震	
		4. 地层岩性	
		5. 冲刷	
		6. 不良地质条件	

续表

1. 设计说明	6. 自然条件	7. 岸坡稳定性评价	
		8. 水土腐蚀性评价	
		9. 相关建议	
	7. 桥梁工程设计	1. 设计原则	
		2. 桥梁总体设计	结构选型；桥型布置；桥位设计
		3. 桥梁纵断面及接线工程	
		4. 桥面布置	
		5. 主桥布置及比较方案	跨径；结构形式；材料；桥下净空
		6. 主桥上下部构造及基础描述	
		7. 引桥布置及比较方案	跨径；结构形式；材料；桥下净空
		8. 引桥上下部构造及基础描述	
		9. 桥梁抗震设计	
		10. 桥梁抗风设计	
		11. 环境和景观设计	
		12. 耐久性设计	涂装；材料等级
	8. 方案比较	1. 优缺点	
		2. 工期	
		3. 施工	
		4. 管养	
		5. 投资	
		6. 确定推荐方案	
	9. 引道工程	1. 设计范围	
		2. 平纵横设计	
		3. 路面结构设计	
		4. 挡防设计	
		5. 地基处理	
	10. 附属工程	1. 交通安全设施	布置
		2. 智能交通设施	布置
		3. 消防设施	布置
		4. 照明	布置
		5. 铺装	布置；组成
		6. 防水、排水	布置
		7. 人行系统	构造
		8. 过桥管位	布置；架空方式

续表

1. 设计说明	11. 施工组织设计	1. 实施方案	
		2. 施工组织设计要点	
		3. 施工方案和要求	
	12. 问题与建议	1. 存在的问题及建议	
		2. 下阶段注意事项	
	13. 危大工程		
	14. 管养注意事项		
2. 设计图纸	1. 效果图		
	2. 工程数量表	1. 结构材料	
		2. 涂装面积	
		3. 措施工程数量	
		4. 开挖与回填	
	3. 桥位布置图	1. 平面布置	
		2. 被交道路	
		3. 必要的尺寸信息	
		4. 坐标系、高程系、指北针	
	4. 桥梁地质纵剖面		
	5. 桥型布置图	1. 跨度	跨径;联长;水位;通航;通车
		2. 结构构造	结构类型;尺度;描述;相交道路及影响构筑物
		3. 地质剖面	
		4. 控制部位高程	
		5. 总断面高程设计信息表	
	6. 桩位坐标表		
	7. 推荐方案及比选方案的主要结构构造图	1. 部件材料数量表	
		2. 结构几何宽度	平面;立面;特征横断面
		3. 加劲肋大样	
		4. 加劲肋布置间距	
		5. 锚索一般构造	
		6. 代表性锚梁、锚箱等构造	
		7. 板厚组成	
		8. 节段划分	
		9. 下部结构一般构造	
		10. 主要部件焊接大样	
	8. 施工方案图	1. 施工顺序	
		2. 必要的措施表示	
		3. 简要的说明	

续表

2. 设计图纸	9. 施工场地布置图	1. 构件加工、拼装场	
		2. 办公区、生活区	
		3. 施工便道、便桥	
		4. 施工用电	
	10. 工期安排	分部工程施工流程横道图	
3. 结构计算	1. 整体静力分析	1. 极限承载能力	正应力；剪应力
		2. 稳定性	局部；整体
		3. 挠度	
		4. 支座反力	
		5. 抗倾覆验算	
	2. 初步抗震分析		
4. 设计概算	1. 编制说明	1. 项目描述	
		2. 编制依据	
		3. 投资情况的总结	
	2. 概算表	1. 概算总表	
		2. 分项概算表	

在施工图阶段，根据施工流程与工艺，将施工图设计所需要的边界条件及输出信息成果整理如表 5-5 和表 5-6 所示。

施工图阶段包含的边界条件　　　　表 5-5

1. 初设阶段的批复	1. 概算投资		
	2. 建设规模		
	3. 技术指标		
2. 初设阶段专家意见	1. 结构设计		
	2. 抗震设计		
3. 详细勘察阶段成果	1. 地形地貌	1. 自然地形	
		2. 控制构筑物	管线、建筑、构筑物、道路等
	2. 水文条件	1. 水位	枯水期；丰水期；洪水期
		2. 水流流速	
		3. 河堤	平面；立面；马道；抢险通道
		4. 地下水位	
	3. 地质条件	1. 地震	
		2. 地层岩土特性	
		3. 不良地质条件	
		4. 岸坡稳定性评价	
	4. 气候条件	1. 空气湿度	
		2. 风	

续表

3. 详细勘察阶段成果	4. 气候条件	3. 温度	
		4. 降雨量	
		5. 降雪量	
	5. 腐蚀性条件	1. 空气	
		2. 水等流体	
		3. 土体	
4. 路线资料	1. 平面		
	2. 纵面		
	3. 横断面		
	4. 横坡及超高		
	5. 宽度变化		
5. 施工条件	1. 运输条件	1. 通行净宽及净高	
		2. 限重	
		3. 机械设备	
		4. 运输设备	
	2. 场地条件	1. 拼装场地	
		2. 堆料场地	
	3. 材料条件	1. 混凝土供应	
		2. 钢结构制造	
	4. 作业条件	1. 安装方式	
		2. 安装限制	
6. 造价信息	1. 材料信息		
	2. 运输		
	3. 类似项目投资经验		
	4. 编制依据	1. 定额	
		2. 编制依据	
		3. 地方政策	
	5. 特殊材料询价		

施工图阶段包含的输出信息成果　　　表 5-6

1. 设计说明	1. 项目地理位置图	1. 地理位置	
		2. 路线走向	
		3. 周边环境信息	
	2. 工程概况	1. 范围、规模	
		2. 对初设阶段专家意见的执行情况	
		3. 测设经过	
		4. 设计范围及包含内容	

续表

1. 设计说明	3. 设计依据	1. 初设阶段的批复	
		2. 规划条件	
		3. 详堪成果	
		4. 其他专项批复	
	4. 主要技术标准	1. 道路等级	
		2. 设计时速	
		3. 道路宽度	
		4. 地震烈度及抗震	
		5. 桥下净空	
		6. 洪水频率	
		7. 航道等级	
		8. 基准期及使用年限	
		9. 环境类别	
	5. 设计依据的规范标准		
	6. 自然条件	1. 地形地貌及交通条件	
		2. 气象水文	
		3. 地质构造及地震	
		4. 地层岩性	
		5. 冲刷	
		6. 不良地质条件	
		7 岸坡稳定性评价	
		8. 水土腐蚀性评价	
		9. 相关建议	
	7. 桥梁工程设计	1. 桥梁总体设计	起终点;长度;桥跨;平纵
		2. 桥梁结构设计	上部结构;下部结构;基础
		3. 涂装	
		4. 附属部分	铺装;材料;防水;排水;伸缩缝;支座;过桥管线;调治构筑物
	8. 引道工程设计	1. 平纵横	
		2. 路面结构	
		3. 路基设计	
		4. 挡防设计	
		5. 地基处理	
	9. 抗震设计		
	10. 耐久性设计		
	11. 附属工程	1. 交通安全设施	布置;构造
		2. 智能交通设施	布置
		3. 消防设施	布置

续表

1. 设计说明	11. 附属工程	4. 照明	布置
		5. 人行系统	构造
		6. 过桥管位	布置；架空方式
	12. 施工组织要点	1. 吊装方法	桥高；桥下条件
		2. 分段	运输；吊装
		3. 连接方式	螺栓连接；焊接；组合
		4. 施工临时措施	支架；顶推装置；导梁；临时防护
	13. 施工注意事项	1. 钢结构的制作	焊接工艺；变形矫正；预拼装
		2. 焊缝检验	
		3. 下料尺寸控制	
		4. 涂装工艺	
		5. 安装工艺注意事项	
		6. 其他构件施工注意事项	
	14. 危大工程注意事项		
	15. 管养注意事项		
	16. 环境保护与文明施工		
2. 设计图纸	1. 工程数量汇总表	1. 分项工程采用不同材料类型、等级	结构分部位；钢板、钢筋分等级；混凝土分类型
		2. 主体及附属工程材料明细	
		3. 措施工程材料计量估计	
	2. 桥位布置图	1. 平面布置	
		2. 被交道路	
		3. 必要的尺寸信息	
		4. 坐标系、高程系、指北针	
	3. 桥梁地质纵剖面		
	4. 桥型布置图	1. 跨度	跨径；联长；水位；通航；通车
		2. 结构构造	结构类型；尺度；描述；相交道路及影响构筑物
		3. 地质剖面	
		4. 控制部位高程	
		5. 纵断面高程设计信息表	
	5. 桩位坐标表		
	6. 上部结构设计图	1. 结构构造布置图	结构变化处平立剖；预拱度
		2. 结构部位构造图	
		3. 结构构件大样图	
		4. 焊缝连接设计图	
		5. 螺栓连接点设计图	

续表

2. 设计图纸	6. 上部结构设计图	6. 节段划分图	
		7. 连接临时构件设计图	
		8. 检修孔大样图	
		9. 吊装节点大样图	
		10. 支座处结构设计图	
		11. 拉索设计图	
		12. 拉索锚固设计图	
		13. 拉索防腐设计图	
		14. 施工流程示意图	
		15. 钢混结合段设计图	
	7. 下部结构设计图	1. 下部结构逐墩构造图	
		2. 结构钢筋图	
		3. 垫石顶高程	
	8. 附属设施	1. 桥面系设计图	
		2. 支座布置图	
		3. 支座构造	
		4. 伸缩装置	
		5. 人行道及栏杆	
		6. 声屏障	
		7. 锥坡	
		8. 导流堤等	
	9. 附属建筑	1. 桥梁建筑	
		2. 桥头引道	平纵横;路面;路基;防护;地基处理
		3. 照明工程	
		4. 排水工程	
		5. 护岸码头	
		6. 桥墩防撞	
		7. 防冲刷设施	
3. 计算书	1. 上部结构	1. 整体模型静力计算	1. 极限状态正应力
			2. 极限状态剪应力
			3. 整体稳定分析
			4. 局部稳定分析
			5. 抗倾覆验算
			6. 挠度验算
		2. 局部分析	
		3. 抗震分析	

续表

3. 计算书	2. 下部结构	1. 静力分析	
		2. 抗震分析	
	3. 附属结构	1. 支座	
		2. 人行道	
		3. 护栏	
		4. 防撞设施	
		5. 景观部件	
		6. 排水部件	
		7. 智能交通及路灯基座	
4. 施工图预算	1. 编制说明	1. 项目描述	
		2. 编制依据	
		3. 投资情况的总结	
	2. 预算表	1. 预算总表	
		2. 分项预算表	

(2) 建立信息化模型

在基于BIM的正向设计中，模型是信息的载体，信息的传递需要通过模型流转来实施，快速调整模型必须将模型控制数据参数化，便于后期进行模型的调整及信息流的传递。可研阶段模型中主要包含以下信息：

1) 路线（平曲线、竖曲线）、桥宽；
2) 坐标系、高程系、指北针；
3) 桥梁类型、跨径、横坡；
4) 桥面铺装材料（碎石混凝土、沥青混凝土、防水层）、厚度；
5) 行车道划分、技术标准（人群荷载）；
6) 地质分层；
7) 技术标准：道路等级、设计时速、设计荷载、桥面横坡、洪水频率、安全等级、使用年限、环境类别。

在初设阶段，根据模型精度要求进一步丰富模型内容，输入更多的几何与非几何信息以满足初设要求。在可研阶段模型上补充或丰富的信息包括：

1) 桥面铺装材料的选型、施工工艺、粗糙度、清洁度；
2) 桩的施工工艺；
3) 横隔板的形状、尺寸、位置、间距；
4) 加劲肋的选型、尺寸、位置、间距；
5) 过人洞、过线孔大概位置；
6) 焊接类型、焊缝等级、涂装工艺。

在施工图阶段，模型信息化程度需要达到最深的层次，包括各构件装配、施工工艺信息，具体信息如下：

1) 伸缩缝类型、施工工艺及支座类型、位置、预埋信息、安装工序；

2) 加强板尺寸、位置；

3) 人孔盖大小、尺寸、位置；

4) 箱梁拼装、焊接工艺；

5) 桩基钢筋布置；

6) 承台冷却管尺寸、位置；

7) 栏杆构造、铸石工艺流程；

8) 泄水管线路、尺寸。

(3) 出图审核信息

当前三维模型审图机制并没有得到认可，只能通过三维模型转换为二维图纸进行审核。基于三维模型，利用软件进行桥梁设计的二维出图，建立二维平、立、剖面图的标准模板，将二维图纸与三维模型相关联，同类型结构图纸能批量化生成。根据桥梁结构内力和变形等设计计算结果，修改各型桥梁上部结构构件和下部结构构件参数，按照规范及标准要求，投影生成二维图纸。全参数化的协同三维模型，使得二维图纸能随三维模型中的参数变化而改变。

(4) 施工过程信息

BIM模型在施工过程中有诸多应用，如进行施工进度计划、进度管理、施工模拟等，利用BIM模型结合施工过程还可实现以下功能：

1) 探索基于BIM的实时施工模型的创建方法。在混凝土灌注桩钢筋下料的应用情境下，通过自建具有一定通用性的外部钢筋族把钢筋的形状、位置、构造等信息全部纳入模型中，尽可能符合实际下料情况形成该阶段的实时模型。发挥BIM的参数化优势，实现钢筋下料单的直接生成，并利用钢筋的虚拟仿真性指导钢筋加工。

2) 在施工进度管理的应用方面，把模型细化，添加辅助设施等的模型信息，形成该阶段的实时模型，关联时间维度，建立4D施工模型，模拟实际建造过程，并可进行不同施工方案间的对比，利用物料清单统计实时工程量。

3) 充分挖掘设计效果可视化价值，特别是复杂构造及节点的可视化，补充、完善实时模型用于施工指导。BIM技术的一处修改处处更新的特点，使得各个视图间互相联动，大样图、节点详图等可直接由三维模型截取获得，一步到位。

(5) 后期管养信息

桥梁作为建筑业的特殊结构，其特殊性表现在规划设计阶段结构形式多变、力学性能复杂、异形构件多，施工阶段风险高、施工设备繁多，后期运营阶段定期维护频繁、检测病害纷繁复杂，后期桥梁管养检测病害信息和健康监测信息表达困难等。桥梁运营阶段的时间是桥梁全生命周期中最长的，由于时间跨度大，人员更迭和功能变化的要求，容易导致桥梁相关建造信息和监测信息丢失，对桥梁信息不能全面有效地掌握，增加管理成本。现代桥梁规模越来越大，功能越来越多样化,对桥梁管养信息的有效管理就更为重要。结合 BIM 模型,针对管养过程,对病害信息进行直观的展示和对健康监测信息进行高效、直观的表达,使管养部门对桥梁整体做出合理的决策,对桥梁后期的管养提出重要的建议,这对提高当下桥梁管养信息化水平和对桥梁行业现代化建设具有重要的意义。

5.2.3 正向设计面临的问题

(1) 标准问题:设计目前没有统一的标准,在设计前期无法确定任务书所有的细节问题,项目在实施阶段总会因为各种要求进行设计的更改。

(2) 软件问题:国外 BIM 软件自动生成的图档并不符合我国的出图要求,用这些 BIM 软件出图后再进行修改,难度可能不亚于在 CAD 上重新画一遍。

(3) 平台问题:现在的 BIM 设计平台软件很多,各类软件针对不同专业各有优势,虽然外面可以各尽其用,但还需要一个统筹的一体化信息平台,来更好地融合这些不同软件平台的 BIM 模型信息,以方便组装、使用。

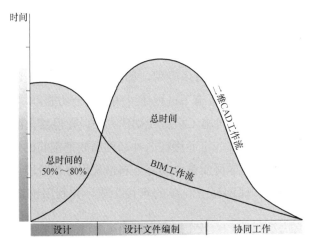

图 5-1 设计阶段与设计时间关系

(4) 效率问题:这是最主要的问题,三维出图必然要比二维出图付出更多的代价,完成同一个工作使用建模软件所花费的时间可能会是使用 CAD 所花费时间的数倍(图 5-1)。三十年前 CAD 的出现取代了手绘图纸,它的高效率让执着于手绘的人们叹为观止。而 BIM 技术正在掀起一场新的工程信息革命,它的出现还会引起一场彻底颠覆,BIM 技术对于建筑行业的影响不言而喻。未来十年我国将成为世界上城市建设最快和交通最强的国家,改造和建设不会停止,如何运用先进的技术来提高工作效率和降低成本,BIM 正是这些问题的最佳解决方案之一。

(5) 应用问题:随着国家政策的大力支持,国内许多设计院已经建立了BIM 设计机构,但是由于目前的发展情况以及相关技术人员的专业能力有限,很难做到完全的正向设计,使用 BIM 技术依然停留在翻模阶段,虽然这一过程是违背BIM技术设计初衷的，但却是BIM设计应用普及化的一个过渡。

大部分设计院对于BIM的应用在于收集集成信息，进行方案优化、碰撞检查、可视化交底等。虽然利用了BIM技术中的优势，但是目前的成果和主要工具还是依靠CAD，BIM信息模型只用来辅助设计。这不仅对设计人员造成了负担，还会造成设计院对BIM技术投入的决心与力度受到影响。目前的BIM技术的优势在于可视化建模、管线综合排布分析、碰撞检查分析，如全面运用BIM正向设计则设计院在设计上的投入将是原来传统逆向设计时间的2～3倍，投入会大规模增加。设计院遵循的也是商业行为，除了政府的强制干涉或者甲方的强制要求，设计单位对于BIM正向设计还是持观望态度，这是制约BIM正向设计发展的原因，要想将人们的设计思维彻底落实到正向设计，就需要让市场全面BIM化，还需要很长的道路要走。

5.3 CATIA 概述

CATIA是由法国著名飞机制造公司Dassault开发并由IBM公司负责销售的CAD/CAM/CAE/PDM应用系统，CATIA起源于航空工业，其最大的标志客户为美国波音公司，美国波音公司通过CATIA建立起了一整套无纸飞机生产系统，取得了重大的成功。

围绕数字化产品和电子商务集成概念进行系统结构设计的CATIA V5版本，可为数字化桥梁建立一个针对产品整个开发过程的工作环境。在这个环境中，可以对产品开发过程的各个方面进行仿真，并能够实现工程人员和非工程人员之间的电子通信。产品整个开发过程包括概念设计、详细设计、工程分析、成品定义和制造乃至成品在整个生命周期中的使用和维护。

作为世界领先的CAD/CAM软件，CATIA可以帮助用户完成大到飞机小到螺丝刀的设计及制造，它提供了完备的设计能力：从2D到3D到技术指标化建模，同时，作为一个完全集成化的软件系统，CATIA将机械设计、工程分析及仿真和加工等功能有机地结合在一起，为用户提供严密的无纸工作环境，从而达到缩短设计生产时间、提高加工质量及降低费用的效果。

随着近年来工程技术的创新，越来越多的工程案例尝试借鉴机械制造业的解决方式，CATIA软件也不断被应用到异性构件、斜拉桥、悬索桥等三维模型复杂的建筑中进行建模与统计分析，超强的曲线和曲面处理能力在工程领域非常占据优势，提供了非常多的造型功能来满足人们的不同造型需求，而且还能够在较大程度上满足人们在曲面设计过程中对曲面光滑性的需求。

5.3.1 CATIA与Revit的比较

目前，BIM建模主流软件平台有美国Autodesk公司的Revit（系列软件）、法国达索公司的 CATIA 及美国 Bentley 系列产品等。Revit 软件是为 BIM 构建的，帮助建筑设计师设计、建造和维护质量更好、能效更高的建筑。CATIA 通过建模帮助制造厂商设计他们未来的产品，并支持从项目前期阶段、具体设计、分析、模拟、组装到维护在内的全部工业设计流程。CATIA 与 Revit 系列软件常用功能的比较见表 5-7。

CATIA 与 Revit 系列软件常用功能的比较 表 5-7

功能	Revit	CATIA	详细描述
点约束	无	有	Revit:基于线条 CATIA:基于点
空间倾斜参考面的参数变化	无	有	以两空间参考面的交线为轴,以夹角为参数
三维线驱动其他几何实体	无	有	
约束种类	少	多	
参数类型	少	多	
倒角、抽壳、钣金	无	有	对造型非常适用
逻辑关系	弱	强	
曲面展开	无	有	异形钢桥塔放样经常用到
知识工程	弱	强	Revit:类似于基于线、面的公制常规模型 CATIA:将逻辑关系以代码形式融入模型
骨架设计	无	很强	此建模理念非常好
装配	弱	强	
钢筋	有	无	CATIA 只能根据逻辑关系通过知识工程建立钢筋
异形结构建模效率	低	高	
插件	多	少	Dynamo 等插件拓展软件功能
软件操作	简单	复杂	
土木行业适用性	强	弱	Revit:主要用于土木类建模 CATIA:主要用于机械类建模
大模型管理	弱	强	CATIA 可以按需加载,对大模型支持较好
三维协同	有	有	Revit:地形、地质、结构由不同软件建立,只能通过文件传输实现数据交换 CATIA:所有专业在统一的 VPM 平台 Enovia 上进行协同设计,所有专业有统一的底层平台,对于任务的分解、权限分配等非常强

CATIA 与 Revit 在斜拉桥建模方面的比较见表 5-8。

CATIA 与 Revit 在斜拉桥建模方面的比较 表 5-8

对比方面	CATIA	Revit
对地形的处理	可进行边坡开挖设计,统计工程量	不能进行边坡开挖,但可导入地形,创建建筑地坪,利用 Civil3D 完成

续表

对比方面	CATIA	Revit
空间异形体设计	点、曲线、曲面设计功能强大,对于异形结构绘制容易,坐标准确	没有可随时定位的坐标点,曲面设计在体量设计中不强,空心体无法切割实心体,且若空心体作为一个族放入另一个实体族中时无法剪切实体
结构的属性查询	可查询点、线、面元素的尺寸及面积,还可查询结构体积、重心、区域、质量、密度、重心,便于工程量统计及力学计算	通过明细表可以查询面积、体积、长度、宽度及部件名称、代码,可在三维视图里直接标注几何面之间的距离
对于给定方程的拱圈或溢流曲线设计	利用 fog 可控制曲线方程,做到精确依据函数建立曲线	不可建立参数化函数曲线
制作模板/族	使用知识工程中的用户模板和超级复本来建立模板,创建参数。可制作设计表并发布模板元素,在其他几何体中使用	使用族的定义建立,可创建参数及设计表,对于复杂的元素,其创建较为繁琐
参数化	效果相对较好,较为复杂的形体也可参数化,较为容易修改	可以参数化,但不适用于带有比较复杂的曲线、曲面参数化设计
数据管理平台	ENOVIAV5VPM	ONEPOINT
查看任意剖面、三维剖视、检查碰撞	动态切割功能、工程制图中的 3D 裁剪功能可查看任意剖面,可进行碰撞检查	属性中的创面框可以随时进行查看,且剖切处可看到交线,可进行碰撞检查
工程量计算	统计方便,可以测量任意结构体的面积、体积,但不能统计个数,需要知识工程模板来完成	通过明细表可统计族的数量、体积,自定族需要赋予材质,可分类统计体积、数量等

对于大跨径钢箱梁斜拉桥建模,CATIA 优势更加明显。本书基于 CATIA V5-6R2016 版本软件的使用,对建模经验进行介绍。

5.3.2 CATIA 知识工程

知识工程（Knowledge Engineering，简称 KE）的概念和技术由美国斯坦福大学计算机科学系 Feigenbaum 教授于 1977 年第五届国际人工智能联合大会上第一次提出。它是以知识本身为处理对象,研究如何使用人工智能的原理和方法来设计、构造和维护知识型系统的一门学科。另一个相似的概念是基于知识的工程（Knowledge Based Engineering，简称 KBE），目前尚无统一的定义,但可以理解为 KBE 体现了知识工程在各个领域中的应用,它能够自动地诱导产品设计人员进行产品的设计活动,如规划、造型和评价等。众多学者倾向于将 KE 和 KBE 统称为知识工程。传统的 CAD 系统无法将领域的设计原理规则、成功的设计案例和专家经验知识融入最终的产品模型中,且均无法实现知识资源的重用,设计师仍然要在可能犯同样错误的前提下做大量重复的工作，在设计方案标准系列选择中，人工参与的工作量依然较大。因此，注重知识应用的CAx系统是现代制造业的关键需求。将三维CAD实体建模技术与知识库集成便成为整个系统中不可或缺的一环，是实现快速设计和技术创新的前提。基于知识工程的CAx系统起源于20世纪90年代初的美国，CATIA是最早的基于知识工程的CAx软件之一。

CATIA V5的知识工程主要体现在一系列的智能化软件模块，包括：

（1）知识工程顾问（KWA：Knowledge Advisor）；
（2）知识工程专家（KWE：Knowledge Expert）；
（3）产品知识模板（PKT：Product Knowledge Template）；
（4）业务流程模板（BKT：Business Process Knowledge Template）；
（5）产品工程优化（PEO：Product Engineering Optimizer）；
（6）产品功能定义（PFD：Product Function Definition）；
（7）产品功能优化（PFO：Product Function Optimizer）。

CATIA V5的知识工程是将一些诸如经验公式、分析算法、优化计算、条件控制等智能知识打包到一个盒子中，只留出几个条件输入参数接口。设计人员在进行设计时，不需要关心盒子中到底有哪些内容，而只需要知道目标模型所属的类型及确定目标模型具体细节的几个关键输入参数即可。调用模型时，通过输入参数，调用打包在模型内部的一系列计算公式及判断条件，可自动进行一系列的内部运算与调整，快速生成符合用户设想的几何模型。

知识库中的模型在创建过程中所包含的智能信息，通过参数、公式、反应、检查、规则等知识工程对象进行表达，各种对象组合应用，构成了知识库中智能知识的主体内容。这部分被打包的智能知识，在创建知识库时可以设定为用户可见与用户不可见。作为不可见的对象，对桥梁智能资产是一种很好的保护策略。这种简单的类似于面向对象的操作，使得设计人员在设计时不需要关心建模的具体过程，而将更多的精力投入到真正的设计及创新中。

CATIA V5通过一系列知识工程模块，为用户提供了方便易用的知识工程环境，从而可以创建、访问及应用桥梁的知识库，在保存桥梁知识的同时，充分利用这些宝贵经验。大量成功的应用案例表明，CATIA V5知识工程的应用可为桥梁设计带来以下几方面的效益：

（1）通过大量包含历史经验的组件征用，可以大幅度减少设计重复，缩短设计周期，降低错误率。

（2）知识库创建的过程中，已经将制造知识集成于设计模型中，从而可以优化设计，减少后期因为工艺问题带来的设计变更。

（3）知识库创建的过程也是桥梁标准化的过程，通过知识工程的实施，促进了桥梁的标准化，从而有利于减少库存，提升设计质量，统一设计风格。

(4) 知识库将桥梁以往的设计经验、参数等智能资产总结打包,可以最大限度地降低人员流动带来的冲击,有利于新人的培训与快速成长,同时有利于桥梁技术知识的保密。

5.3.3 CATIA知识重用

为了帮助设计人员高效、准确地完成设计任务,在构件库系统设计中建立了伴随知识库,重点是将归纳整理出的构件设计、分析、工艺、制造等知识,在构件实例化过程中使用,保证设计质量,实现知识重用。构件伴随知识构成如图5-2所示。

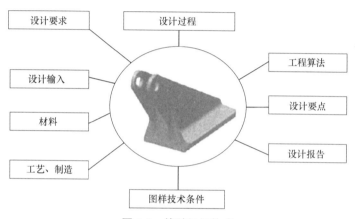

图5-2 伴随知识构成

伴随知识的收集紧密结合构件库的设计,围绕部件和构件展开知识的收集。对于部件结构,重点收集与部件设计有关的结构布置与承重系统设计、结构连接方式、设计分离面和工艺分离面、结构开口设计和补强、材料选择、工艺和装配等知识和工程算法;对于构件,从设计要求、设计输入、采用的设计分析方法(工程算法)和设计过程、材料、加工方式、表面处理及图样技术条件、设计报告等几个方面进行知识和工程算法的收集,以满足构件实例化过程中对设计知识的使用要求。

收集到的知识包括文字、公式和图表。公式和与公式相关的图表是工程算法建立的基础,要重点说明公式、图表的使用范围和使用对象、使用限制等要求,便于知识、构件、工程算法之间关联关系的建立。

对于伴随知识的使用,重点要实现当进行构件调用和构件简化时,可以主动向设计人员推送该构件所对应的设计知识,帮助设计人员理解、使用设计知识和方法。

推送的方法采取两个途径:一个途径是在构件或知识导入时,建立构件对知识的引用关系;另一个途径是根据知识在构件实例化过程中的引用频率将知识自动推送到设计环境。具体使用过程如下:当设计人员使用构件调用或构件简化功能时，构件库系统首先完成对与该构件对应的知识和工程算法的匹配性搜索，并将搜索结果传给实例化工作场景；当设计人员使用相应伴随知识时，显示推送的知识要点和工程算法，帮助设计人员完成设计工作。伴随知识的一般使用流程如图 5-3 所示。

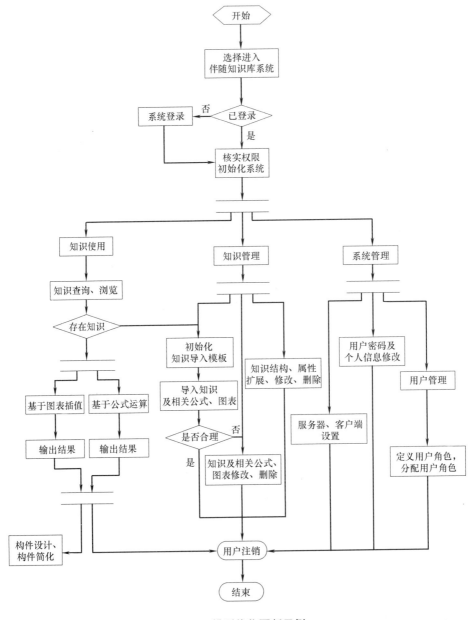

图 5-3　模型优化更新示例

5.3.4　CATIA 在桥梁设计上的应用

CATIA 在桥梁设计上应用广泛，尤其在复杂、异形桥梁设计上更为适用，本书主要关注以下三个方面的内容：

（1）大型桥梁设计业务流程梳理

针对桥梁在方案设计、初步设计、施工图设计等不同阶段的工作内容进行梳理，形成业务流程。

（2）大型桥梁模型建立、交付标准

研究大型桥梁的模型建立及交付标准。

主桥三维正向设计方法：利用"骨架＋模板"的三维建模方法，以桥梁总体布置骨架为主导，以构件设计模板为核心，结合参数化功能、知识工程专家功能，进行桥梁的三维设计。

二维图纸自动生成：基于CATIA软件界面，按照桥梁结构内力和变形等设计计算结果，修改各型桥梁上部结构构件和下部结构构件参数，自动按照桥梁结构出图规范生成二维图纸。全参数化的协同三维模型，使得二维图纸能够随三维模型的参数变化而变化，能够大幅度提高设计人员的工作效率。

BIM建模与有限元分析软件的关联研究：基于CATIA的BIM正向设计的总体技术路线如图5-4所示。

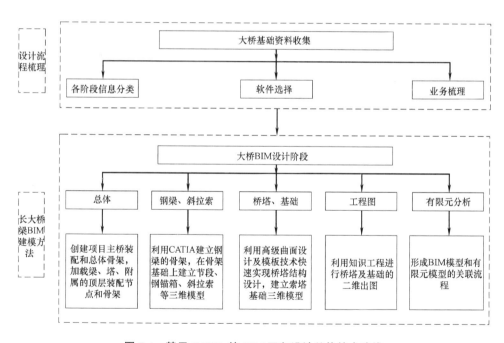

图5-4　基于CATIA的BIM正向设计总体技术路线

基于CATIA建模，实现CATIA模型与有限元分析软件之间的关联，使有限元分析软件对CATIA模型的几何信息、材料属性等进行有效读取。结构构件的网格划分可在有限元分析软件中进行，最终实现三维几何模型与计算模型的无缝衔接。在此基础上，按国家规范、规程和标准进行桥梁结构计算分析。

CATIA建模通常采用两种设计方法：自下而上设计和自上而下设计。

5.4 软件环境预设及操作

5.4.1 操作环境设置

进入软件后，点击工具选项栏，选择选项→常规→参数和测量→知识工程，勾选参数树型视图中带值、带公式等，如图5-5所示。单位栏中调整默认单位为毫米。知识工程环境栏内勾选加载扩展语言库、所有包。尺寸约束内可调整缺少约束、已约束、过约束及无效约束的颜色显示。

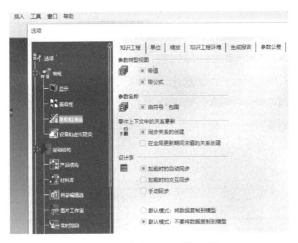

图5-5 软件使用环境设置

在基础结构树下，点击零件基础结构，点击常规，勾选图5-6所示勾选项；点击显示，勾选图5-6所示勾选项。

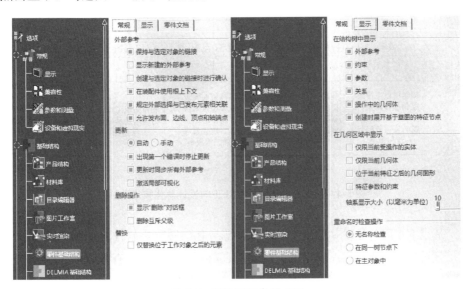

图5-6 零件基础参数设置

首先打开CATIA，在最上角菜单栏中选择"工具"，并在下拉列表中选择

"选项",如图 5-7 所示。

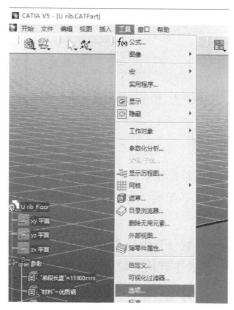

图 5-7　打开选项设置

在选项对话框的左侧树形结构图中选择"基础结构",并在右上角选项中选择"产品结构",如图 5-8 所示。

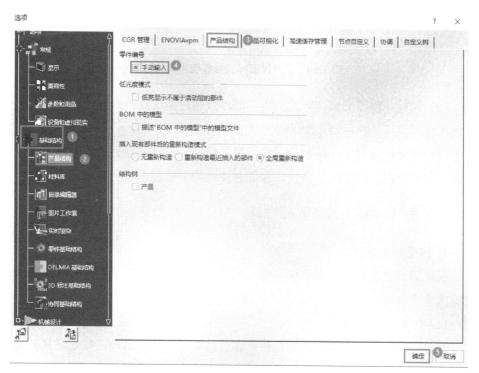

图 5-8　将产品结构中零件编号改为手动输入

此时新建的零件文件则会提示编号,输入构件编号即可,如图 5-9 所示。

图 5-9　新建零件需手动输入编号

5.4.2　操作界面设置

按照操作习惯可调整工具栏位置，以下操作习惯可作为参考：

（1）隐藏 xy、xz、yz 平面插入轴系，通过轴系控制，便于制作知识工程模板—用户特征；

（2）在菜单栏开始→形状→自由样式中，调出指南针工具栏，可更直观地了解目前视角位置（在 P2 模式下默认开启指南针工具栏，如图 5-10 所示）；

图 5-10　用户界面样式推荐使用 P2 模式

（3）创建几何图形集，将点、线、面以及通过创成式外形设计得到的元素放在此工作对象下，在后期一次性隐藏所有参考点、线、面；

（4）在建模过程中，特别是多参考线的构件，先将其他无关线条隐藏再开始建模，这样可提高建模的精确性，保证在建模约束过程中不会出现错误。

5.4.3　桥梁模型信息输入

1. 信息输入方式

模型信息主要包含几何信息和非几何信息，CATIA 软件进行模型或零件信息输入主要有两种方式：

（1）零件属性处赋予

通过点击零件，右键打开属性栏，在产品处定义其他属性，此处定义的属性可以在物料中体现并导出，可以手动输入信息，也可以通过外部属性导入表格输入参数（仅允许 txt、xls 格式导入）。该位置适合添加非几何信息，如施工信息、管养信息等字符串信息。如图 5-11 所示。

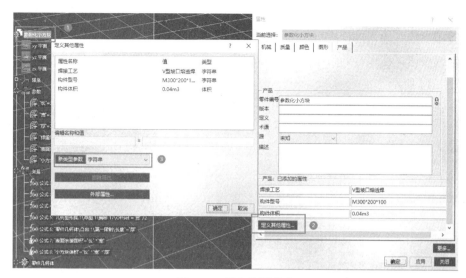

图 5-11 输入属性信息

（2）将几何信息与非几何信息作为参数导入

通过建立字符串类型参数，将几何信息与非几何信息输入软件，此处定义的几何信息与非几何信息都可通过设计表输入与输出，从而实现通过设计表控制模型信息。在表格导入过程中，注意单位问题。例如，在 A1 列输入"长"，在 B1 列输入"300mm"，软件才能自动识别。如图 5-12 所示。

2. 通过 Excel 表及 TXT 输入方式

将需要导入的参数编制成 Excel 表，A 列输入参数名，B 列输入默认值及单位，C 列可以输入 B 列值的计算公式，D 列可以输入文字注释，软件会根据单位判断参数类型，格式如图 5-13 所示。

需要注意的是，CATIA 内导入单位与习惯使用的单位很多都不相同，例如

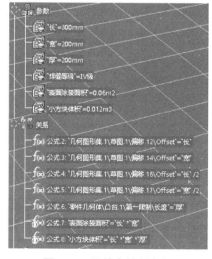

	A	B
1	左侧顶板横坡	0.02
2	右侧顶板横坡	-0.02
3	右侧底板横坡	0
4	左侧底板横坡	0
5	桥梁宽度	9100mm
6	与设计线距离	4250mm
7	跨径	1000mm
8	箱梁高度	2000mm
9	悬臂端高	300mm
10	悬臂根高	650mm
11	悬臂长度	1500mm
12	边腹板比率	4
13	顶板厚度	20mm
14	底板厚度	20mm
15	边腹板厚度	20mm
16	侧封板厚度	16mm
17	悬臂封板厚度	20mm
18	端封板厚度	16mm
19	内偏长度	20mm
20	底板伸出长度	20mm
21	侧封板伸出长度	20mm

图 5-12 设计表控制参数　　　　图 5-13 通过 Excel 表导入参数

常用的 MPa（兆帕），在软件内用 Pa（帕）表示。不能识别的单位会自动判断为字符串参数，导入过程中可以看到。点击菜单栏中的工具→$f(x)$，点击右上角的导入按钮，在保存的目录下找到参数表，点击即可预览内容，然后点击确定。如图 5-14 所示。

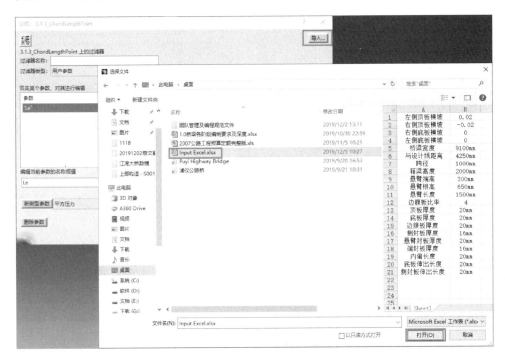

图 5-14　作为公式参数表格导入

随后弹出导入结果对话框，点击确定，参数即被导入零件中。

点击开始→知识工程模板→Knowledge Advisor（知识工程顾问），点击 （Add Setof Parameters），再点击结构树上的参数，会在下端出现"参数.1"，如图 5-15 所示。

图 5-15　创建参数集

修改属性名称为几何信息。将导入的参数手动拖入几何信息参数集中，这样有助于将参数分类，在设计时更加高效快速地找到需要修改的参数。同时参数集支持复制功能，点击右键复制，在其他参数集、几何体下均可使用选择性粘贴到集合下。参数还可以通过 txt 格式文件导入，导入方式一致。当导入属性参数时，需右键点击零件名→属性→产品→定义其他属性→外部属性，选择目标文件。此处导入仅支持 txt、xls 格式文件。如图 5-16 所示。

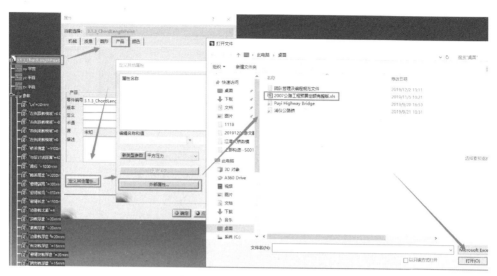

图 5-16　作为属性参数导入

作为参数导入与作为属性参数导入没有太大的区别，仅使用时只有 $f(x)$ 参数能关联模型尺寸。这一点与桥梁设计中的几何信息与非几何信息的特点十分类似，可以根据此特点选择导入参数的位置。如图 5-17 所示。

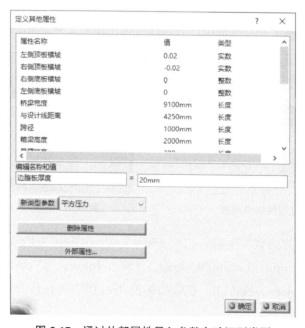

图 5-17　通过外部属性导入参数自动识别类型

3. 通过设计表导入参数并关联

通过设计表导入参数，是知识工程专家系统常用的提取基础数据的方式，结合知识工程内的提取函数，能实现非常强大的实例化功能。点击 ▦ 设计表，选择从预先存在的文件中创建设计表，方向选择"竖直"，点击确定。选择关联的 Excel 表格，这里的表格需要创建表头使用。如图 5-18 所示。

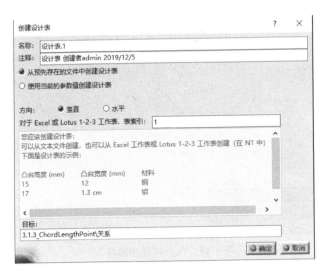

图 5-18　从预先存在的文件中创建设计表

弹出自动关联框，询问是否与同名模型的参数关联，点击是。如图 5-19 所示。

关系栏中出现上述创建的设计表，即可使用函数提取。如图 5-20 所示。

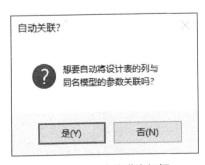

图 5-19　自动关联询问框

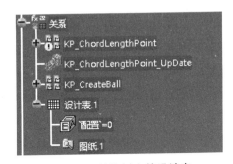

图 5-20　结构树上的设计表

设计表常用的函数主要有：CloserSupConfig、CloserInConfig、MaxInCoLumn、MinInCoLumn、LocateInColumn、LocateInRow、CellAsString、CellAsResl、CellAsBoolean、SetCell。在后面的使用过程中再具体介绍每个函数的使用方法。

4. 通过设计表导出参数并关联

设计表可以导出零件的各项数据，包括测量数据、公式参数、属性参数等。设计表的优势在于可以直接通过改变表格数据来控制模型，可以达到快速修改模型的效果。

如钢桥中的横隔板，形状相似，仅尺寸大小变化，适合用设计表控制截面参数大小、位置信息。如图 5-21 所示。

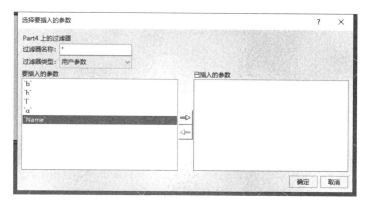

图 5-21　插入设计表参数

插入参数顺序即为表格顺序，建议名称在前。如图 5-22 所示。

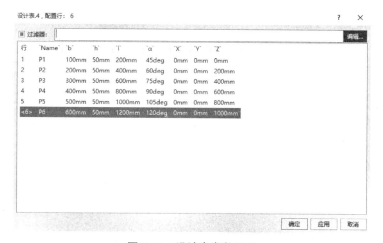

图 5-22　设计表参数显示

最终得到具有可更改功能的零件模板，如图 5-23 所示。

图 5-23　通过设计表更新零件模板参数

新建设计表会替换重复使用参数的设计表，一般使用过程中选择否。如图 5-24 所示。

图 5-24 存在要解决的冲突

5.5 钢桥 BIM 模型简介

5.5.1 模型文件命名规则

钢桥 BIM 模型文件命名主要考虑文件名的长度和操作性，按照项目实施阶段、专业等标准对模型文件命名，且采用建议的字符限制。一般文件命名规则如图 5-25 所示。

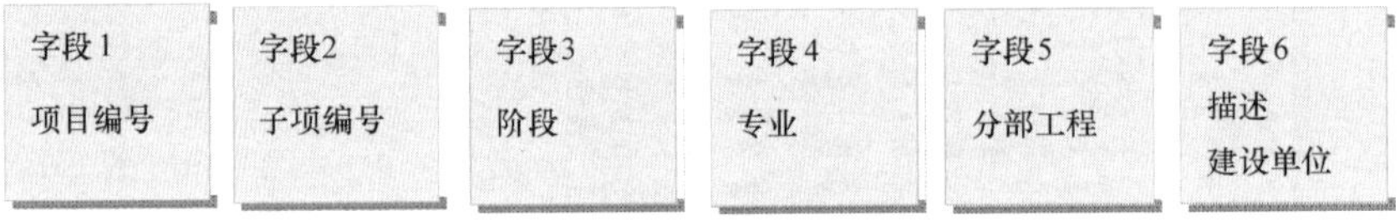

| 字段1 | 字段2 | 字段3 | 字段4 | 字段5 | 字段6 |
| 项目编号 | 子项编号 | 阶段 | 专业 | 分部工程 | 描述建设单位 |

图 5-25 模型文件命名规则

字段1——项目编号，用于识别项目的缩写代码或数字。

字段2——子项编号，用于有多个标段子项的项目，字符限制 1 位字母和 1 位数字。

字段3——阶段，设计阶段、施工阶段、竣工阶段。

字段4——专业，包括路基工程、路面工程、桥梁工程、互通立交工程、隧道工程、环保工程、交通安全设施工程、机电工程。

字段5——分部工程，按照专业分部工程代码规定。

字段6——描述，描述性字段用于说明文件中的内容，避免与其他字段重复。此信息可用于解释前面的字段，或进一步说明所包含数据的其他方面。

BIM 模型文件命名示例如表 5-9 所示。

BIM 模型文件命名示例　　　　　　　　　　　　表 5-9

模型文件名	描述
001-B1-SJ-LJ-TS-K0_K30	项目编号 001,1 标段,设计阶段,路基工程,路基土石方工程,K0~K30 桩号路基
001-B1-SJ-LJ-XX-K0_K30	项目编号 001,1 标段,设计阶段,路基工程,K0~K30 桩号所有模型
001-B1-SJ-XX-XX-K0_K30	项目编号 001,1 标段,设计阶段,K0~K30 桩号所有模型

5.5.2 构件命名规则

构件是信息化模型装配中的基本单元，也是工程计量的基本划分单位。在BIM中，一个参数化的构件可以通过设定不同的参数形成一个构件的实例。由于BIM构件包含大量的参数信息，理论上所有参数均可以用来设置类型，因此构件类型的命名无法形成一个固定长度的标准格式。一般设置构件类型的常见参数是构件的尺寸规格、材质、负荷等，可选择材质、形式、几何要素、下级子类型及负荷等进行顺序描述性命名。

构件名＝分部工程_分项工程_一级类型_二级类型。

5.5.3 桥梁工程模型分类及建模深度

桥梁工程建模内容见表 5-10，桥梁工程建模深度见表 5-11。

桥梁工程建模内容　　　　　　　表 5-10

结构体系	主体结构		构件名称
梁式桥(预制梁)	上部结构		主梁、湿接缝、现浇层、墩顶现浇段、横隔梁
	下部结构	桥墩	盖梁、挡块、墩柱、承台、系梁、桩基础
		桥台	盖梁、挡块、挡土板、台身、前墙、侧墙、耳背墙、承台、桩基础
	附属		铺装、护栏、防抛网、锥坡、搭板
梁式桥(悬浇结构、常规现浇梁)	上部结构		主梁
	下部结构	桥墩	盖梁、挡块、墩身台、系梁、桩基础
		桥台	盖梁、挡块、挡土板、台身、前墙、侧墙、耳背墙、承台、桩基础
	附属		铺装、护栏、防抛网、锥坡、搭板
钢斜拉桥	上部结构		主梁、主塔、拉索
	下部结构		墩柱、承台、桩基础
	附属		铺装、护栏

桥梁工程建模深度　　　　　　　表 5-11

编号	桥梁信息	可研阶段	初设阶段	施工图阶段
1	下部结构	△	△	▲
1.1	墩台	—		
1.1.1	垫石			▲
1.1.2	盖梁		△	▲
1.1.3	墩身/柱身/台身			▲
1.2	承台/地系梁		△	▲
1.3	基础		△	▲

续表

编号	桥梁信息	可研阶段	初设阶段	施工图阶段
2	上部结构	△	△	▲
2.1	支座			
2.1.1	抗震支座		△	▲
2.2	梁		△	▲
2.2.1	预制拼装式		—	
2.2.1.1	边梁/中梁		△	▲
2.2.1.2	湿接缝		△	▲
2.2.1.3	普通钢筋		—	△
2.2.1.4	预应力系统		—	△
2.2.2	整体式			
2.2.2.1	梁体		△	▲
2.2.2.2	预应力系统		—	△
2.2.3	钢桁梁			
2.2.3.1	杆		△	▲
2.2.3.2	节点板		△	▲
2.2.4	钢箱梁			
2.2.4.1	箱体		△	▲
2.2.4.2	肋		△	▲
2.2.4.3	横隔板		△	▲
2.2.5	结合梁			
2.2.5.1	钢梁		△	▲
2.2.5.2	桥面板		△	▲
2.2.5.3	剪力钉		—	△
2.3	桥面板		△	▲
2.3.1	板		△	▲
2.4	索塔	—	△	▲
2.4.1	塔		△	▲
2.4.2	锚固系统		△	▲
2.4.3	爬梯		—	△
2.5	斜拉索		△	▲
2.5.1	索		△	▲
2.5.2	锚具		△	▲
2.6	吊杆		△	▲
2.7	缆		△	▲
2.7.1	主缆		△	▲
2.7.2	锚锭		△	▲
2.8	柱		△	▲

续表

编号	桥梁信息	可研阶段	初设阶段	施工图阶段
2.9	桥面系		△	▲
2.9.1	遮板		△	▲
2.9.2	竖墙		△	▲
2.9.3	防撞墙		△	▲
2.9.4	挡碴墙		△	▲
2.9.5	道碴槽		△	▲
2.9.6	预埋件		△	△
2.9.7	人行道		△	▲
3	基础施工辅助设施		△	▲
3.1	钢板桩		△	▲
3.2	钢轨桩		△	▲
3.3	钢套箱		△	▲
3.4	钢围堰		△	▲
3.5	钢吊箱		△	▲
3.6	工作平台		△	▲
4	附属设施		△	▲
4.1	墩柱围栏		△	△
4.2	吊篮		△	△
4.3	排水设施		△	△
4.4	伸缩缝		△	△
4.5	检查梯		△	△
4.6	防护门		△	△
4.7	防撞设施		△	△
4.8	限高架		△	△
4.9	护栏		△	△
4.10	通航辅助设施		△	△
5	涵洞	△	△	▲
5.1	涵节	—	△	▲
5.2	帽石		△	▲
5.3	翼墙		△	▲
5.4	边墙		△	▲
5.5	盖板		△	▲

桥梁 BIM 模型信息应满足表 5-12～表 5-18 的要求。

桥梁 BIM 模型信息要求 表 5-12

编号	内容	几何信息	非几何信息
一	桥梁	桥梁长度、桥梁跨度、定位信息	桥梁名称、桥梁结构形式、孔跨布置形式、材料种类及强度等级
1	下部结构	定位信息	下部结构形式、材料种类及强度等级
1.1	墩台	墩台尺寸、定位信息	墩台结构形式、材料种类及强度等级
1.1.1	垫石	垫石部位、垫石平面形状、垫石平面尺寸、垫石高度、垫石横向间距、定位信息	类型名称、混凝土强度等级
1.1.2	盖梁	盖梁厚度、盖梁纵向宽度、盖梁横向长度、定位信息	类型名称、混凝土强度等级、其他类型材料及材料类型名称
1.1.3	墩身/柱身/台身	墩身顶面形状、墩身顶面纵向尺寸、墩身顶面横向尺寸、墩身坡度、墩身底面形状、墩身底面纵向尺寸、墩身底面横向尺寸、墩身高度、墩身里程定位信息	墩身类型名称、墩身材料种类（混凝土、石砌）、墩身材料强度等级
1.2	承台/地系梁	承台形状、承台横向尺寸、承台纵向尺寸、承台高度	类型名称、混凝土强度等级、施工工艺
1.3	基础	基础埋置深度、基础尺寸、定位信息	基础类型名称、基础地质地形条件
2	上部结构	定位信息	上部结构形式、材料种类及强度等级
2.1	支座	支座板几何尺寸、支座布置个数、支座布置横向纵向间距、定位信息	支座类型
2.1.1	抗震支座	支座板几何尺寸、支座布置个数、支座布置横向纵向间距、定位信息	支座类型及规格、支座设计地震动峰值加速度
2.2	梁	梁截面尺寸、梁长度、定位信息	梁结构形式、材料种类及强度等级
2.2.1	预制拼装式	定位信息	结构形式、材料种类及强度等级
2.2.1.1	边梁/中梁	梁截面尺寸、梁长度、定位信息	梁类型名称、里程信息、材料强度等级
2.2.1.2	湿接缝	湿接缝长度、湿接缝宽度、定位信息	湿接缝类型名称、混凝土强度等级
2.2.1.3	预应力系统	—	预应力（钢筋、钢丝、钢绞线）公称直径、预应力筋长度、定位信息、预应力体系类型名称、混凝土材料强度、预应力钢筋强度、锚固体系类型
2.2.2	整体式	定位信息	整体结构形式、材料种类及强度等级
2.2.2.1	梁体	梁截面尺寸、梁长度、定位信息	梁类型名称、里程信息、材料强度等级

续表

编号	内容	几何信息	非几何信息
2.2.2.2	预应力系统	—	预应力(钢筋、钢丝、钢绞线)公称直径、预应力筋长度、定位信息、预应力体系类型名称、混凝土材料强度、预应力钢筋强度、锚固体系类型
2.2.3	钢桁梁	钢桁梁高度、钢桁梁长度、定位信息	钢桁梁结构形式、钢材强度等级
2.2.3.1	杆	杆件长度、杆件截面尺寸(高度、宽度、长细比)、缀条缀板隔板尺寸、定位信息	杆件种类、杆件截面类型、杆件钢材强度等级、杆件连接类型
2.2.3.2	节点板	节点板尺寸、定位信息	节点板类型名称、节点构造形式(拼装式、整体式)、螺栓群布置、板材料强度等级
2.2.4	钢箱梁	钢箱梁截面尺寸、钢箱梁长度、定位信息	钢箱梁结构形式、钢材强度等级
2.2.4.1	箱体	箱体截面尺寸、腹板尺寸、顶板尺寸、底板尺寸、定位信息	箱室布置形式、箱体钢材强度等级
2.2.4.2	肋	加劲肋长度、加劲肋截面尺寸、加劲肋壁厚、定位信息	加劲肋截面形式(开口、闭口)、槽口形状、钢材强度等级
2.2.4.3	横隔板	横隔板宽度、横隔板高度、横隔板厚度、横隔板间距、定位信息	横隔板形式及名称、横隔板连接形式、钢材强度等级
2.2.5	结合梁	结合梁截面尺寸、结合梁长度、定位信息	结合梁结构形式、混凝土强度等级、钢材强度等级、钢筋混凝土连接形式
2.2.5.1	钢梁	钢梁截面尺寸、钢梁长度、定位信息	钢梁截面形式、钢梁钢材强度等级
2.2.5.2	桥面板	桥面板宽度、桥面板长度、桥面板厚度、定位信息	桥面板类型及构造、材料种类及强度等级
2.2.5.3	剪力钉	—	剪力钉尺寸、剪力钉布置间距、定位信息、剪力钉规格、剪力钉材料强度等级、安装施工工艺
2.3	桥面板	定位信息	桥面板类型、材料强度及强度等级
2.3.1	板	板长度、板宽度、板厚度、定位信息	板的类型及构造、材料种类及强度等级、安装施工工艺
2.4	索塔	塔柱截面尺寸、塔高、塔柱坡度、定位信息	塔的结构形式、塔的材料种类及强度等级
2.4.1	塔	塔柱截面尺寸、塔高、塔柱坡度、定位信息	塔横向纵向的结构形式、塔的截面类型、塔身材料强度等级
2.4.2	锚固系统	锚具尺寸、定位信息	锚具、夹具、连接器及锚下支承系统的种类和规格
2.4.3	爬梯	爬梯高度/长度、爬梯倾斜角度、定位信息	爬梯布置形式、材料强度与等级

续表

编号	内容	几何信息	非几何信息
2.5	斜拉索	定位信息	斜拉索类型规格
2.5.1	索	索截面尺寸、索长度、索倾斜角度、定位信息	索类型、索规格、索强度等级、索布置形式(扇形、竖琴形、辐射形)
2.5.2	锚具	锚具尺寸、定位信息	锚具种类及规格
2.6	吊杆	定位信息	吊杆类型规格
2.7	桥面系	定位信息	材料种类及强度等级
2.7.1	遮板	遮板高度、遮板长度、定位信息	遮板类型及规格、材料种类、材料强度
2.7.2	竖墙	竖墙横断面尺寸、竖墙长度、定位信息	混凝土强度等级
2.7.3	防撞墙	防撞墙横断面尺寸、防撞墙长度、定位信息	混凝土强度等级
2.7.4	挡碴墙	挡碴墙横断面尺寸、挡碴墙长度、定位信息	混凝土强度等级
2.7.5	道碴槽	道碴槽横断面尺寸、道碴槽长度、定位信息	混凝土强度等级
2.8	预埋件		预埋件尺寸、预埋件长度、定位信息、预埋件类型及构造、预埋件材料
2.9	人行道	人行道宽度、人行道长度、人行道铺装厚度、定位信息	人行道铺装层材料强度
3	基础施工辅助设施	定位信息	辅助设施种类
3.1	钢板桩	钢板桩断面几何尺寸、钢板桩长度、定位信息	钢板桩断面构造形式、钢板桩连接方式、钢材强度等级
3.2	钢轨桩	钢轨桩断面几何尺寸、钢轨桩长度、定位信息	钢轨桩规格形式、钢轨桩连接方式、钢材强度等级
3.3	钢套箱	钢套箱断面几何尺寸、钢套箱长度、定位信息	钢套箱结构形式、材料强度等级、施工工艺
3.4	钢围堰	钢围堰断面几何尺寸、钢围堰高度、定位信息	钢围堰结构形式、材料强度等级、施工工艺
3.5	钢吊箱	侧板、底板、内支承、支吊系统的几何尺寸、钢吊箱高度、水下混凝土封底厚度、承台混凝土厚度、定位信息	钢吊箱结构形式、材料强度等级、施工工艺
3.6	工作平台	工作平台平面尺寸、工作平台高度、定位信息	工作平台结构形式、材料强度等级、搭建施工工艺
4	附属设施	定位信息	附属设施种类
4.1	墩柱围栏	围栏长度、定位信息	结构形式、材料类型及强度等级
4.2	吊篮	吊篮长度、吊篮重量、定位信息	吊篮结构形式、材料强度等级
4.3	排水设施	定位信息	排水设施种类、布置信息、强度等级
4.4	伸缩缝		缝长、缝宽、定位信息、伸缩缝类型

续表

编号	内容	几何信息	非几何信息
4.5	检查梯	定位信息	检查梯类型及规格
4.6	防护门	定位信息、形状尺寸	防护门类型及规格
4.7	防撞设施	定位信息、形状尺寸	防撞设施类型及规格
4.8	限高架	定位信息、形状尺寸	限高架类型及规格
4.9	护栏	定位信息、形状尺寸	护栏类型及规格
4.10	通航辅助设施	定位信息	通航辅助设施类型及规格
5	涵洞	孔径、涵长、与线路相交角度、定位信息	结构形式、材料种类及强度等级
5.1	涵节	涵节净高、涵节长度、定位信息	混凝土强度等级
5.2	帽石	帽石尺寸、定位信息	混凝土强度等级
5.3	翼墙	翼墙高度、翼墙宽度、翼墙长度、定位信息	翼墙形式、混凝土强度等级
5.4	边墙	边墙截面尺寸、边墙长度、定位信息	边墙截面形式、混凝土强度等级
5.5	盖板	盖板结构尺寸、定位信息	盖板形式、混凝土强度等级

机电 BIM 模型统计　　　　　表 5-13

编号	内容	几何信息	非几何信息
1	监控设施、通信设施、收费设施、低压配电、照明设施、隧道机电设施对应的构件	尺寸、定位信息、体元	设备名称、设备编号、设备规格型号、参数

机电模型精度要求　　　　　表 5-14

编号	内容	可研阶段	初设阶段	施工图阶段
1	机电设备	△	△	▲

注：表中"▲"表示应具备的信息，"△"表示宜具备的信息。

交通安全设施 BIM 模型统计　　　　　表 5-15

编号	内容	几何信息	非几何信息
1	标线、标志、凸起路标、轮廓标、防眩设施、隔离栅、防落网	形状、尺寸大小、体元、定位信息、标识内容	产商、数量、材质

交通安全设施模型精度要求　　　　　表 5-16

编号	内容	可研阶段	初设阶段	施工图阶段
1	交通安全设施	△	▲	▲

注：表中"▲"表示应具备的信息，"△"表示宜具备的信息。

绿化环保工程 BIM 模型统计　　　　　　　表 5-17

编号	内容	几何信息	非几何信息
1	隔声设施、声屏障、绿化带（中央分隔带、路侧绿化、互通立交、服务区、取弃土场）、边坡植被、关键工程处具有景观效果的建筑物造型	形状、尺寸大小、体元、定位信息、标识内容	数量、材质

绿化环保工程模型精度要求　　　　　　　表 5-18

编号	内容	可研阶段	初设阶段	施工图阶段
1	隔声设施、声屏障、绿化带（中央分隔带、路侧绿化、互通立交、服务区、取弃土场）、边坡植被	△	▲	▲
2	关键工程处具有景观效果的建筑物造型	△	△	▲

注：表中"▲"表示应具备的信息，"△"表示宜具备的信息。

5.5.4 钢桥建模构件分类

建立三维模型时，应根据"骨架＋模板"的三维建模方法，以桥梁总体布置骨架为主导，以构建设计模板为核心，结合参数化功能，进行桥梁的三维设计。对斜拉桥上部结构和下部结构的基本结构构件、辅助构件及细部构件进行三维建模，建立各部分构件的模板，模板中包括钢箱梁标准节段、钢塔标准节段、拉索、墩柱、承台、桩、伸缩缝、护栏、支座、拼接板、螺栓、锚箱、锚梁等，如图 5-26 所示。

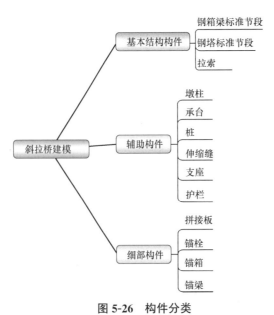

图 5-26　构件分类

总体三维模型的结构树部分也应按照上述思路进行装配，具体装配关系如图 5-27 所示。

图 5-27 总体三维模型结构树展示

5.6 三维地质建模

由于三维地质模型是根据实际地形生成的，所以在正向设计中，从可研阶段到施工图阶段可以使用同一个三维地质模型。本节主要介绍如何将已知的 CAD 地形图通过加载应用程序 outh.LSP 提取并转化为点坐标文件，之后利用 CATIA 软件中的 Digitized Shape Editor（简称 DSE）模块进行坐标点导入及后续处理。坐标点的处理主要包括生成 mesh 面后进行的修补（增加或减少点），保证生成的 mesh 面更加接近真实。当完成 mesh 面修补后，即可生成所需的地形曲面，为后续形成地形实体进行准备。本节选择任意地形等高线图，等高线上具有 x、y、z 坐标。通过加载应用程序 outh.LSP，将等高线转化为点坐标文件。在选择地形图时，需要确定等高线高程点是否包含 x、y、z 坐标信息。outh.LSP 加载过程如下：在 AutoCAD 工具菜单中选加载应用程序，或输入命令 APPLOAD，在打开的对话框中选择 outh.LSP，点击加载，如图 5-28 所示。

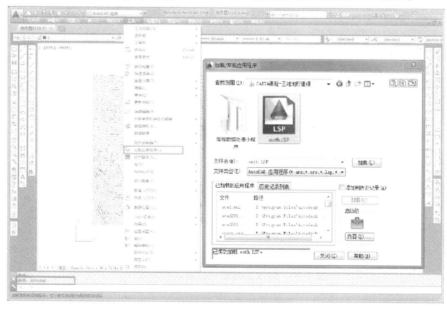

图 5-28 加载 outh.LSP

加载后,输入命令 OUTH,按提示依次完成:文件保存位置选择、选取等高线、指定起始点号。生成的 *.xy 文件即为所需的点坐标文件。如图 5-29 所示。

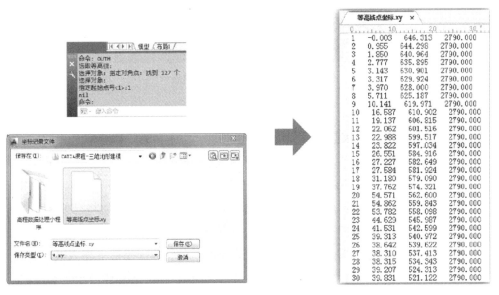

图 5-29　生成点坐标文件

用记事本打开生成的 *.xy 文件,可以看到每行点坐标前都有序号,每列数据由空格分隔。导入 CATIA 的点坐标不需要序号,数据间由逗号分隔,所以需对 *.xy 文件中的坐标数据进行简单编辑,使其满足 CATIA 导入点坐标要求。如图 5-30 所示。

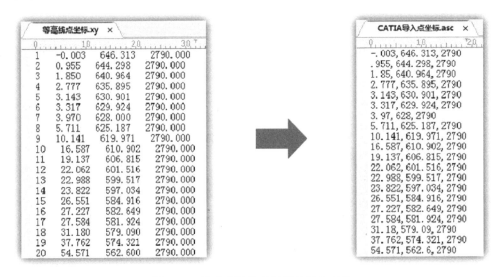

图 5-30　修改坐标格式以满足导入条件

数据编辑可使用 Excel 的分列功能,将点坐标数据粘贴至 Excel 进行分列处理，删除序号列后，再导出为 CSV 逗号分隔文本文件，之后将生成文件的后缀名改为 asc 即可。如图 5-31 所示。

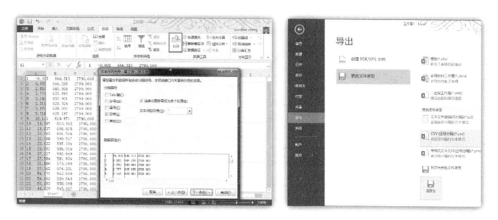

图 5-31 修改后缀名

数据编辑更便捷的方法是利用"OUTH 数据处理程序 exe"（OUTH 数据处理程序 exe 可在网上下载直接使用）点击"读入"打开等高线点坐标 .xy 文件，点击"生成"保存为 CATIA 导入点坐标 .asc 文件，完成编辑操作。如图 5-32 所示。

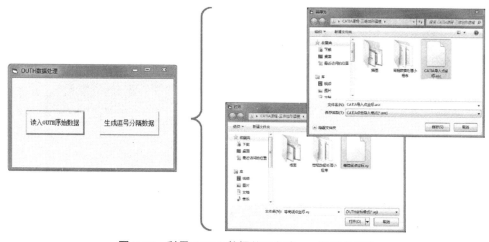

图 5-32 利用 OUTH 数据处理程序 exe 保存点坐标

进入 CATIA 的 DSE 模块，在插入菜单下选择 Import，如图 5-33 设置相关参数后，将点坐标导入模型空间。此处需注意导入点的数量可调节，十万个以下为宜，过多可能导致软件卡顿。

点坐标导入完成后的 CATIA 窗口如图 5-34 所示。

创建 mesh 面之前，先对点坐标进行一些处理，如删除错误点、激活部分区域的点。如图 5-35 设置 Activate 对话框，可框选部分点激活，其他点将隐藏。

点击 Mesh Creation，其中 Neighborhood 的数值关系到生成 mesh 面的质量

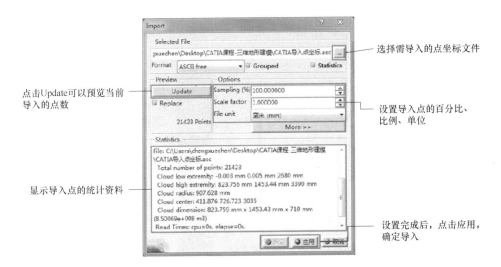

图 5-33 导入前参数设置

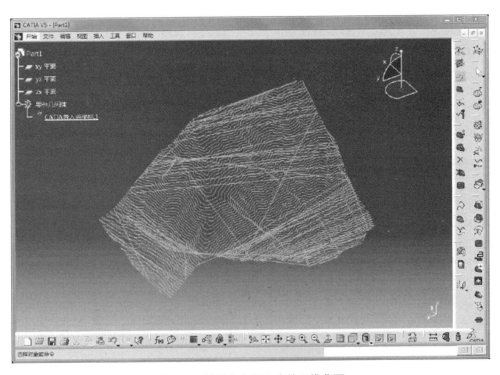

图 5-34 根据点坐标生成的三维曲面

以及孔洞的大小,需根据地形图的面积、起伏程度、等高线间距等因素综合确定。如图 5-36 所示。

创建 mesh 面完成后的 CATIA 窗口如图 5-37 所示。

可利用以下工具对 mesh 面进行修补、优化,直至 mesh 面平滑光顺,中间没有空洞即可,如图 5-38 所示。

图 5-35 设置 Activate 对话框

设置完成后，
点击应用，确定导入

图 5-36 调整 Mesh Creation

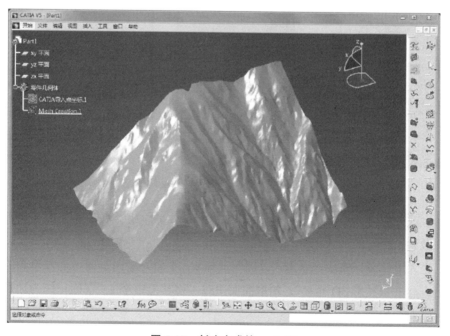

图 5-37 创建完成的 mesh 面

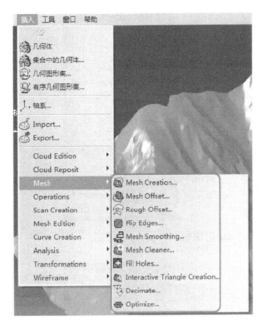 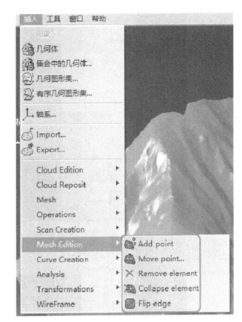

图 5-38　修补、优化 mesh 面

由开始→形状→Quick Surface Reconstruction 进入 QSR 模块，使用 Automatic Surface 工具对 mesh 面进行拟合，参数推荐按图 5-39 所示设置，其中 Surface detail 控制的是拟合精度，若电脑设备配置较好，可调高数值。

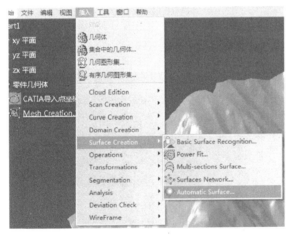 

图 5-39　拟合过程中参数设置

生成的拟合曲面如图 5-40 所示，相比原 mesh 面，拟合面在保证真实的前提下，做到了尽可能平顺光滑。

进入零件设计模块，点击"草图"选择 xy 平面为绘图平面，进入草图绘制界面。点击"投影 3D 元素"，拾取曲面边线，将其投影至 xy 平面，作为地形实体的底面。如图 5-41 所示。

点击"定义凸台"选择之前绘制的草图作为轮廓曲面，第一限制类型选"直

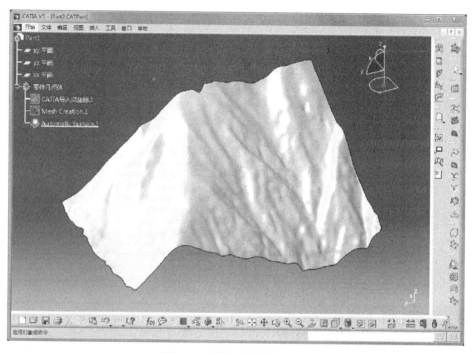

图 5-40　平顺光滑的 mesh 面

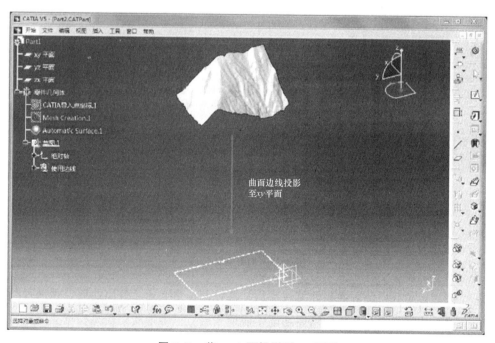

图 5-41　将 mesh 面投影到 xy 平面

到曲面",第二限制为地形实体的底面高程,根据具体情况输入。如图 5-42 所示。

完成的地形实体模型如图 5-43 所示。

图 5-42　输入拟合曲面控制参数

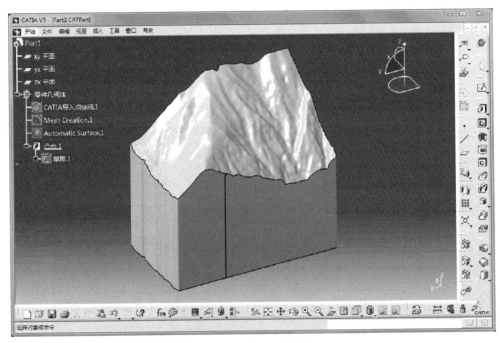

图 5-43　地形实体模型

创建地质分层的方法与此方法类似，首先创建多个地质分层曲面，再通过凸台命令，或者通过多截面包络体功能生成地质层。三维地质建模是根据实际地质情况建模绘制，在正向设计中，一般不需要进行二次修改。当地形点数量较多时，可在装配过程中隐藏或取消激活地形文件，避免装配过程中软件卡顿。CATIA 地形地质建模不能像 Infraworks 软件那样自动切割地形、直接统计挖填方量，CATIA 只能通过手动创建平面、剖切地质模型，依次计算每块的体积量。

5.7 桥梁设计中心线创建

创建设计中心线、墩位定位点、梁节段定位面，可以通过传统的方式定义间距，但通过这样的方式创建，生产效率低下，且后期调整参数十分复杂。为了减少工作量，便于创建后自动调整定位面，此处使用"知识工程阵列"+"设计表"的方式，实现通过里程桩号表自动更新定位点、面。

5.7.1 常用函数及字典

1. CreateOrModifyDatum

此函数仅适用于知识工程阵列特征，用户可以通过此函数创建或修改元素，如点、线、面等。

语法：

CreateOrModifyDatum（DatumType：字符串，Destination：特征，PatternList：列表，IndexPatternList：整数）：UndefinedType

参数：

DatumType：指示基准类型，如"点（Point）""直线（Line）""曲线（Curve）""圆（Circle）""曲面（Surface）""平面（Plane）""包络体（Vblume）"等。

Destination：指示目标特征，如"零件几何体（PartBody）"等。

PatternList：指示阵列列表。

IndexPatternList：指示阵列列表中的索引号。

2. CellAsReal

此函数仅适用于设计表图纸返回表格中单元格的内容。如果该单元格为空或未正确指定方法参数，将返回空字符串。

语法：

sheet->CellAsReal（RowIndex：整数，ColumnIndex：整数，Real）

参数：

RowIndex：配置编号，表格内的第一行为表头，第二行的配置编号为1，依次类推。

ColumnIndex：列编号，与表格实际的列编号一致。

3. pointoncurve

此词语适用于创建点，创建点的方式有很多种，下面介绍其中一种，如图5-44所示。

语法：

pointoncurve（crv：曲线，pt：点，distance：长度，orientation：布尔）：点

```
point (x: 长度, y: 长度, z: 长度): 点
pointbetween (pt1: 点, pt2: 点, ratio: 实数, orientation: 布尔): 点
pointoncurve (crv: 曲线, pt: 点, distance: 长度, orientation: 布尔): 点
pointoncurveRatio (crv: 曲线, pt: 点, ratio: 实数, orientation: 布尔): 点
pointonplane (pln: 平面, pt: 点, dx: 长度, dy: 长度): 点
pointonsurface (sur: 曲面, pt: 点, dir: 方向, dist: 长度): 点
center (圆): 点
pointtangent (曲线, 方向): 点
extremum (曲线, 方向, 布尔, 方向, 布尔, 方向, 布尔): 点
extremum (曲面, 方向, 布尔, 方向, 布尔, 方向, 布尔): 点
extremum (实体, 方向, 布尔, 方向, 布尔, 方向, 布尔): 点
centerofgravity (几何体, ...): 点
```

图 5-44　创建点的类型

参数：

crv：选择需要创建点的曲线。

pt：曲线起点。

distance：创建点距起点的距离。

orientation：布尔运算。

4. planenormal

此词语适用于创建曲线上任意点的法面。

语法：

planenormal（crv：曲线，pt：点）：平面

参数：

crv：选择需要创建点的曲线。

pt：曲线起点。

5. intersect

此词语适用于求出相交点、线。

语法：

intersect（crv：曲线，pl：平面）

crv：相交点所在的曲线。

pl：平面。

5.7.2　创建里程桩号表

新建 Excel 文档，在 A1 单元格输入 pt（Point）作为表头，在 A 列输入定位点相对于起点的里程桩号，记录创建的点数量（此处为 27 个）。如图 5-45 所示。

保存 Excel 文档，并命名为 Point。

	A
1	pt
2	0
3	30
4	60
5	90
6	120
7	150
8	180.01
9	210
10	239.99
11	270
12	303.3
13	336.6
14	369.9
15	403.2
16	436.2
17	538.2
18	721.2
19	750.4
20	782.6
21	814.8
22	847
23	877
24	907
25	937
26	967
27	997
28	1027

图 5-45　里程桩号表

5.7.3 创建桥梁平竖曲线

新建零件文件，修改属性名称为项目名称（不建议使用汉字命名）。点击菜单栏中的工具，在下拉框中选择 $f(x)$ 公式，选择参数类型，点击新建参数类型，输入参数默认值点击确定。如图 5-46 所示。

图 5-46 新建参数流程

新建几何图形集，修改属性名称为平曲线。点击 xy 平面，点击草图，绘制平曲线。如图 5-47 所示。

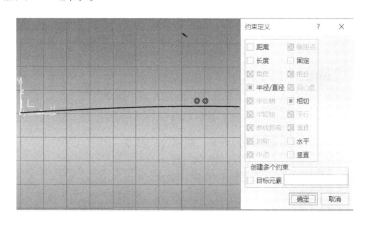

图 5-47 绘制平曲线

点击约束命令，点击直线段，此时测量显示的长度是直线原长，右键点击水平测量方向，拖动标注至合适位置，点击左键。双击测量值，在约束定义值处点击右键，点击编辑公式，进入公式编辑器。如图 5-48 所示。

点击长度所关联的参数，双击添加至公式栏，其中次幂通过 ** 表示，如 2

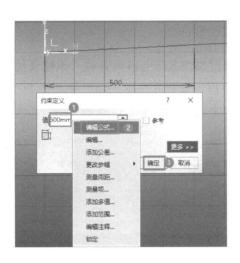

图 5-48 尺寸关联参数

的 3 次方表示为 2**3,圆周率 π 表示为 PI。如图 5-49 所示。

图 5-49 编辑公式内容

点击确定,约束定义处值为灰显状态,且不可编辑,说明公式编辑成功,只能通过点击 $f(x)$ 修改公式。如图 5-50 所示。根据此方式,继续定义圆弧半径,最后退出工作台。

点击使用创建点功能 ■,点类型:曲线上,曲线:平曲线,与参考点的距离:曲线长度比率,比率:0,点击确定,修改点名称为:起点(桩号)。同理创建终点,点类型:曲线上,曲线:平曲线,与参考点的距离:曲线长度比率,比率:1,点击确定,修改点名称为:终点(桩号)。如图 5-51 所示。

新建几何图形集,修改属性名称为竖曲线。点击 xz 平面,按照相同方式,

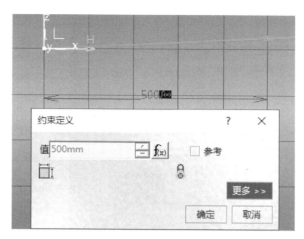

图 5-50 关联成功后值灰显

图 5-51 创建起终点

绘制竖曲线，将竖曲线控制参数关联到相关直曲线。推荐使用 进行绘制，调整 H、V 的方向与坐标轴方向一致。如图 5-52 所示。

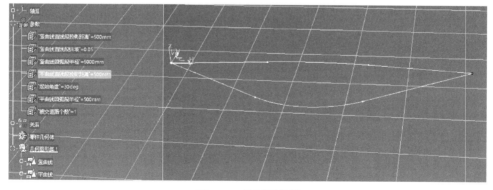

图 5-52 绘制竖曲线

切换到创成式外形设计界面，使用接合定义命令 ![icon] 将绘制的平曲线、竖曲线分别合并（直线不需要使用接合定义命令），输入合并距离为 0.001mm。如图 5-53 所示。

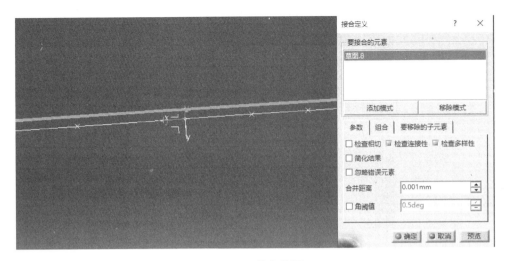

图 5-53 接合草图

使用曲线光顺定义命令 ，选择要光顺的曲线：接合.1，参数→最大偏差：0.001mm，连续：曲率。如图 5-54 所示。

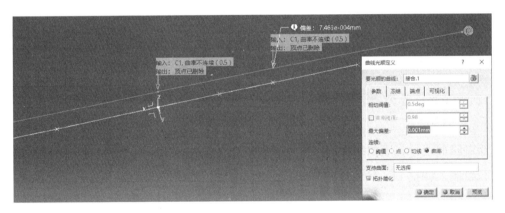

图 5-54 定义光顺曲线

5.7.4 绘制定位点、面

新建几何图形集，将属性特征名称分别命名为：平曲线-桩位点、平曲线-定位面、设计线-定位点、设计线-定位面。

点击设计表 ，将里程桩号表导入到文件中，选择从预先存在的文件中创建设计表，方向：竖直，点击确定，选择 Point.xls 文件。如图 5-55 所示。

点击开始→知识工程模块→Product Knowledge Template（KPT），点击创建知识工程阵列特征 ，首先勾选自动检查，点击添加按钮添加列表并修改列表名称，分别为：平曲线-桩位点、平曲线-定位面、设计线-定位点、设计线-定位面。每需要创建一组数据，就需要创建一个列表。如图 5-56 所示。

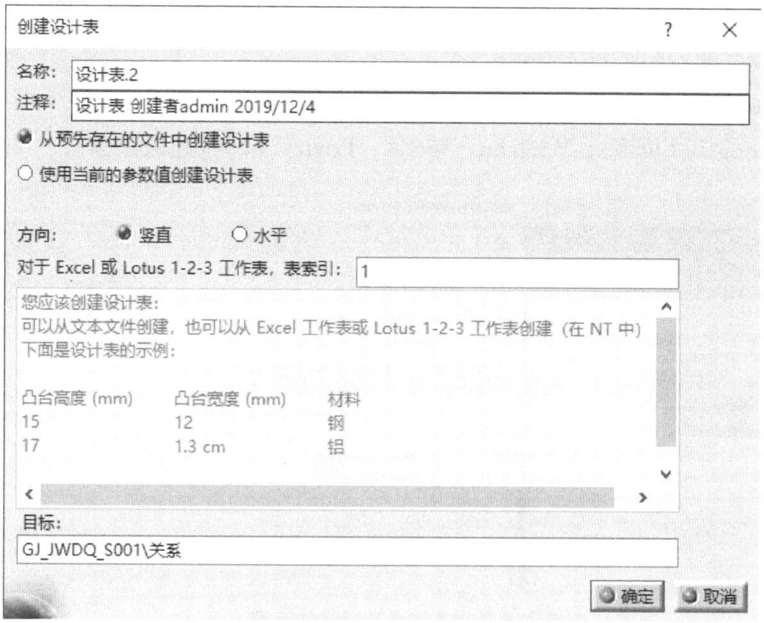

图 5-55 从预先存在的文件中创建模型参数设计表

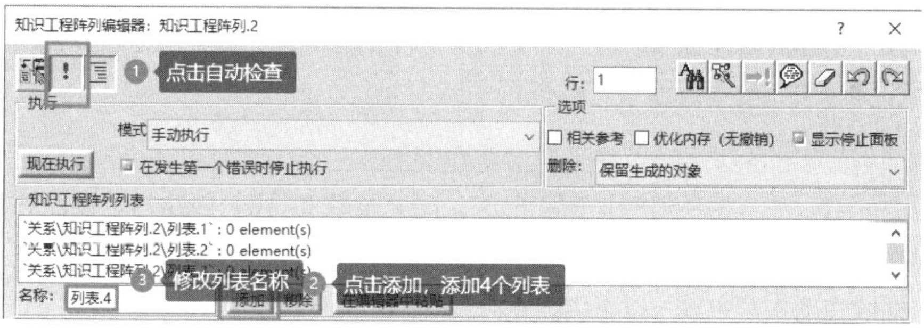

图 5-56 创建知识工程阵列列表

在输入框中输入以下内容：

/ * 变量声明 * /
Let i ('Integer')
Let pt1 ('Point')
Let pt2 ('Point')
Let pl1 ('Plane')
Let pl2 ('Plane')

此处 " / * 变量声明 * / " 仅提示创建者以及使用者以下编码主要功能，没有任何实际作用，不会改变任何信息。

"Let…(…)" 为声明的参数，可以在语言浏览器中找到每一个需要声明的参数（可以不用手动输入），为了方便后面使用，可以将'Integer1'修改为：i。如

图5-57所示。注意知识工程编辑器里的括号只能使用英文状态下输入的括号，中文状态下输入的括号无效。

一般常用的变量有：Integer（整数）、Point（点）、Line（线）、Plane（面）、Length（长度）、Boolean（布尔）、PowerCopy（超级副本）。

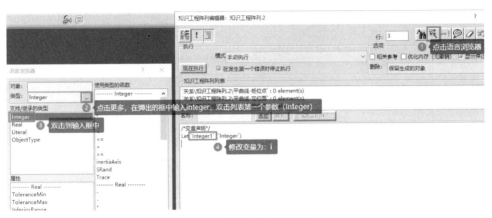

图 5-57　输入声明的变量

继续在输入框中输入以下内容：

```
/*创建点面程序*/
i=1
foriwhilei<=27
```

令 i=1，一直循环到 i 小于等于 27。此处整数 27 代表创建的定位点数，也可以在开始时设置参数，用以控制参数 i 的循环数量。

继续在输入框中输入以下内容：

```
{
  /*创建点程序*/
  pt1=CreateOrModifyDatum("Point",'平曲线-桩位点','关系\知识工程阵列.2\平曲线-桩位点',i)
  pt1=pointoncurve('平曲线\平曲线','平曲线\起点(K0+521.8)','关系\设计表.1\图纸'->CellAsReal(i,1),true)
  pt1.Name=ToString(i)+"号桩点"
}
```

{…} 符号表示 i 从 1 循环到 27 过程中，每个整数需要在符号内的语句中执行的步骤。

其中 CreateOrModifyDatum 可以在词典的生成函数（Generative functions）中找到，如图 5-58 所示。字符串为声明的变量，用"…"表示；特征为输出的位置，此处选择输出到几何图形集：平曲线-桩位点；列表为创建知识工程阵列列表，选择相对应的列表即可；整数为声明的变量 i。

图 5-58　Generative functions 生成函数

pointoncurve 可以在词典的点构造函数中找到，如图 5-59 所示。曲线为需要创建点的曲线；点为创建点的起点；长度为自动读取设计表中的数据，使用了 CellAsReal 函数读取（i,1）即第 i 行第一列的值（自动去掉表头行计数），同样也可以在词典的设计表中找到；布尔表示创建点的方向。

图 5-59　Pointoncurve 函数

".Name"表示赋予名称；ToString（实数）函数表示添加字符串。

同理，基于平曲线上的定位点创建定位面，在 {} 符号内继续输入以下内容：

> /*创建面程序*/
> pl1=CreateOrModifyDatum("Plane",'平曲线-定位面','关系\知识工程阵列.2\平曲线-定位面',i)
> pl1=planenormal('平曲线\平曲线',pt1)
> pl1.Name=ToString(i)+"号桩面"

planenormal 可以在词典的平面构造函数中找到，曲线选择平曲线，点选择创建的 pt1。

同理，继续创建竖曲线上的定位点与定位平面，在 ｛｝符号内继续输入以下内容：

```
/*创建点程序*/
pt2=CreateOrModifyDatum("Point",'设计线-定位点','关系\知识工程阵列.2\设计线-定位点',i)
pt2=intersect('纵曲线\设计线',pl1)
pt2.Name=ToString(i)+"号桩点--设计线"

/*创建面程序*/
pl2=CreateOrModifyDatum("Plane",'设计线-定位面','关系\知识工程阵列.2\设计线-定位面',i)
pl2=planenormal('纵曲线\设计线',pt2)
pl2.Name=ToString(i)+"号桩面--设计线"
```

intersect 表示相交，选择曲线为竖曲线，选择通过平曲线桩号点创建平面 pl1。

点击确定，选择创建的知识工程阵列点击右键，选择对象→执行，即可得到通过设计表控制的定位点、面。如图 5-60 所示。

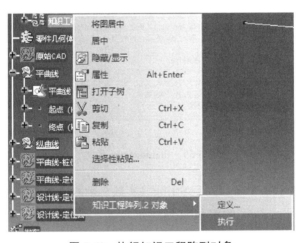

图 5-60 执行知识工程阵列对象

5.7.5 示例代码

完整源代码如下：

```
/*变量声明*/
Let i('Integer')
Let pt1('Point')
```

```
Let pt2('Point')
Let pl1('Plane')
Let pl2('Plane')

/*创建点面程序*/
i=1
for i while i<=27
{
    /*创建点程序*/
    pt1=CreateOrModifyDatum("Point",'平曲线-桩位点','关系\知识工程阵列.2\平曲线-桩位点',i)
    pt1=pointoncurve('平曲线\平曲线','平曲线\起点(K0+521.8)','关系\设计表.1\图纸'->CellAsReal(i,1),true)
    pt1.Name=ToString(i)+"号桩点"

    /*创建面程序*/
    pl1=CreateOrModifyDatum("Plane",'平曲线-定位面','关系\知识工程阵列.2\平曲线-定位面',i)
    pl1=planenormal('平曲线\平曲线',pt1)
    pl1.Name=ToString(i)+"号桩面"

    /*创建点程序*/
    pt2=CreateOrModifyDatum("Point",'设计线-定位点','关系\知识工程阵列.2\设计线-定位点',i)
    pt2=intersect('纵曲线\设计线',pl1)
    pt2.Name=ToString(i)+"号桩点--设计线"

    /*创建面程序*/
    pl2=CreateOrModifyDatum("Plane",'设计线-定位面','关系\知识工程阵列.2\设计线-定位面',i)
    pl2=planenormal('纵曲线\设计线',pt2)
    pl2.Name=ToString(i)+"号桩面--设计线"
}
```

输入不标准但可以执行代码如下:

```
letpo1(Point)
letpo2(Point)
letpl1(Plane)
letpl2(Plane)
leti(Integer)
i=1
foriwhilei<=27
{
    po1=CreateOrModifyDatum("Point",'平曲线-桩位点','关系\知识工程阵列.1\列表.1',i)
    po1=pointoncurve('平曲线\平曲线','平曲线\起点(K0+521.8)','关系\设计表.1\图纸'->CellAsReal(i,1),true)
    po1.Name=ToString(i)+"号桩点"
    pl1=CreateOrModifyDatum("Plane",'平曲线-定位面','关系\知识工程阵列.1\列表.2',i)
    pl1=planenormal('平曲线\平曲线',po1)
    pl1.Name=ToString(i)+"号桩面"
    po2=CreateOrModifyDatum("Point",'设计线-定位点','关系\知识工程阵列.1\列表.3',i)
    po2=intersect('纵曲线\设计线',pl1)
    po2.Name=ToString(i)+"号桩点--设计线"
    pl2=CreateOrModifyDatum("Plane",'设计线-定位面','关系\知识工程阵列.1\列表.4',i)
    pl2=planenormal('纵曲线\设计线',po2)
    pl2.Name=ToString(i)+"号桩面--设计线"
}
```

点击菜单栏的工具，选择发布命令，点击选择需要的定位点、线、面，单击确定，即可完成发布。如图 5-61 所示。

图 5-61　发布定位点线

第6章 基于BIM的钢桥上部结构正向设计

6.1 概述

钢梁上部结构由桥面系、主梁和支座三部分组成。桥面系包括桥面铺装、桥面板、纵梁、横梁、遮板、人行道等，供车辆和行人直接走行，直接承受车辆、人群等荷载并将其传递至主要承重构件。主梁可做成实腹的板梁，或杆件连成的刚架或桁架，或主梁与桥面、联结系结合而成的箱梁。支座作为桥梁上部结构的支承部分，其作用是将上部结构的支承反力（包括竖向力、水平力）传递给桥梁墩台，并保证上部结构在荷载作用和温度变化的影响下，具有设计要求的静力条件。支座有活动支座和固定支座两种，可用钢、橡胶或一定强度等级的钢筋混凝土制作。橡胶支座是一种新型支座，具有重量轻、高度低、构造简单、加工制造容易、用钢量少、成本低廉及安装方便等优点。

6.2 桥面铺装信息化建模

6.2.1 桥面铺装构成

桥面铺装是指铺筑在桥面板上的防护层，用以防止车轮（或履带）直接磨耗桥面板，并扩散车轮荷载，也为车辆提供平整防滑的行驶表面。一般由铺装主体、防水层、粘结层组成。铺装主体一般可分为上层和下层两个层次，上层也称磨耗层或防滑层，用于抵抗车辆荷载对桥面铺装产生的磨耗与剪力，提供行车所需要的粗糙度，常采用沥青混凝土，厚度为3～4cm。下层的主要作用是校正桥面结构的凹凸不平，保证上层的铺筑厚度，有时也兼有防水作用，一般采用密实型沥青混凝土，厚度为3～5cm。铺装主体的上、下两层应构成整体，形成稳定、耐久、平整、抗滑的铺装。也可不分上、下层，一次铺筑成铺装主体，比如采用12cm厚的钢筋混凝土。防水层位于铺装主体下面，用以阻止由铺装表面下渗的水分对桥面钢板或混凝土内的钢筋造成腐蚀。通常采用沥青砂胶、沥青油毡等，厚度一般小于2cm。粘结层也称首涂层，是位于桥面板与防水层之间的涂抹薄层。设置该层的目的在于保证桥面铺装与桥面板良好粘结。常采用沥青、用橡胶或环氧树脂等改性的沥青、树脂等材料。粘结层也可视为防水层的一个组成部分。

为了迅速排除桥面雨水，除使桥梁设有纵向坡度外，尚应将桥面铺装沿横向设置双向的桥面横坡。对于沥青混凝土或水泥混凝土桥面铺装，横坡为1.5%～2.0%。行车道普遍采用抛物线形横坡，人行道则采用直线形横坡。对于板桥或就地浇筑的肋梁式桥，为了节省桥面铺装材料并减小恒载，可将横坡设在墩台顶部做成倾斜的桥面，此时铺装层在整个桥宽上可等厚布置。对于装配式梁式桥，为了架设和拼装方便，一般都采用不等厚的铺装层（包括混凝土三角垫层和等厚的路面铺装层）以构成桥面横坡。在较宽的桥梁中，用三角垫层设置横坡将增加混凝土用量与恒载重量。在此情况下可直接将行车道板做成双向倾斜的横坡，但这样会使主梁的构造和施工稍趋复杂。

6.2.2 铺装层信息化

铺装层各阶段信息输入见表6-1。

铺装层各阶段信息输入　　　　　表6-1

项目要素		可研阶段	初设阶段	施工图阶段
几何信息	一般几何信息	—	尺寸	—
	定位几何信息	—	位置	—
非几何信息	一般非几何信息	—	类型、材料、强度	—
	材料拓展非几何信息	—	最大压应力、最大疲劳应力幅等	—
	计量非几何信息	—	体积、原料重量	—
	施工拓展非几何信息	—	—	施工工艺、注意事项

1. 初设阶段

初设阶段桥面铺装BIM建模主要分为以下几个步骤：（1）创建道路中心线；（2）确定桥面铺装截面变化，提取控制信息；（3）确定装配定位位置。

选择xy平面，绘制路道中心线曲线（绘制方法见本书第5.7.3节），如图6-1所示。

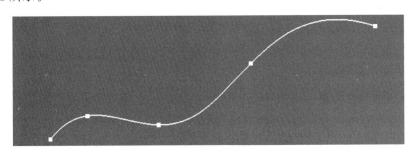

图6-1　绘制道路中心线曲线

在样条线起点，通过曲线的法线创建平面，使用定位草图在平面内绘制铺装层截面轮廓，关联铺装层厚度、铺装层宽度、铺装层横坡、顶板横坡参数。同理，在样条线终点绘制铺装截面轮廓，可以适当在中间添加轮廓提高模型的精确性。

点击菜单栏中的开始→形状→创成式外形设计，点击 （多截面包络体），选择上面创建的截面轮廓，在引导线处点击创建的道路中心线，在耦合处点击添加，选择起终点轮廓对应点（对应两点即为一组），添加到耦合组中。点击确定，铺装层创建完成。如图 6-2 所示。

图 6-2 使用多截面包络体创建铺装层

2. 施工图阶段

BIM 模型应在初设模型基础上，关联施工工艺、注意事项等字符串信息，用于详细描述桥面铺装的施工过程。

6.3 主梁设计信息化过程

以钢箱梁为例，介绍主梁构件信息化过程及建模方法。钢箱梁是工程中常采用的结构形式，横隔板间距对集中荷载作用下箱梁畸变具有一定的影响，通过设置不同数量的横隔板，比较在集中荷载作用下的畸变效应和刚性扭转效应，得到最大畸变效应随横隔板数量的变化曲线，可用于设计横隔板间距。在箱梁腹板顶端施加集中荷载，按畸变、刚性扭转、对称弯曲和偏心荷载四种工况采用荷载分解的方法进行计算。在进行主梁模型信息化的过程中，需优先考虑主梁节段的划分、由多少种节段构成、是否具有对称性等因素，在模型信息化建模过程中具有重要意义。

6.3.1 顶板、腹板和底板信息化内容及流程

顶板、腹板和底板各阶段信息输入见表6-2。

顶板、腹板和底板各阶段信息输入 表6-2

项目要素		可研阶段	初设阶段	施工图阶段
几何信息	一般几何信息	尺寸	—	—
	定位几何信息	位置、间距	—	—
非几何信息	一般非几何信息	—	类型、材料、强度	
	材料拓展非几何信息	—	1. 弹性模量、剪切模量等； 2. 抗拉压抗弯强度、抗剪强度、端面承压强度等； 3. 最大疲劳应力幅等	
	计量非几何信息	—	重量、防腐面积	
	施工拓展非几何信息	—	—	焊接方法、焊条型号、焊缝类型、焊缝质量等级

顶板是承受交通荷载的主要构件，也是承受正负弯矩的重要工作部位。与顶板、底板相比，腹板受力较为复杂，不仅要承受剪力和扭矩产生的剪应力，还要承受弯矩产生的弯曲应力，多数情况下腹板是在弯曲应力和剪应力的共同作用下受力，腹板应该防止出现弯剪耦合失稳。

为了提高钢箱梁的抗弯刚度，在不影响腹板平均剪应力的情况下，通过减小腹板厚度或增加腹板高度来实现这一目的，从而也使钢箱梁腹板的稳定问题变得尤为突出。为了防止腹板失稳，一般需要增加腹板横向加劲肋和纵向加劲肋以达到提高抗弯刚度的目的。

顶板、腹板、底板在可研阶段完成后，在后续设计中根据需要调整尺寸大小。顶腹底板建模依然按照"轮廓+凸台"的思路绘制，按设计思路依次绘制顶腹底板轮廓及关联长度、宽度、厚度等几何参数输入，关联涂装面积、重量等拓展几何信息等。

(1) 顶板绘制

首先新建零件，点击 ✥ (全部适应)，点击 ☲ (定位草图)，选择 xz 平面，勾选交换，保证竖直方向 (V) 与 z 轴方向一致。如图6-3所示。

绘制顶板截面轮廓 (见图6-4)，关联顶板左边横坡、顶板右边横坡、顶板左边宽度、顶板右边宽度、顶板厚度参数。若设计中心线不在道路中心线，还需关联道路中心线与设计中心线间距参数。

点击 ⌐ (凸台)，将第一限制类型设为尺寸，选择顶板截面轮廓，关联箱梁节段长度参数，由于凸台方向默认为轮廓的垂直方向，且不考虑钢箱梁节段纵

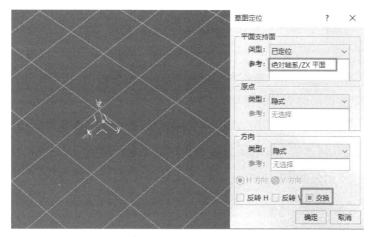

图 6-3 创建定位草图

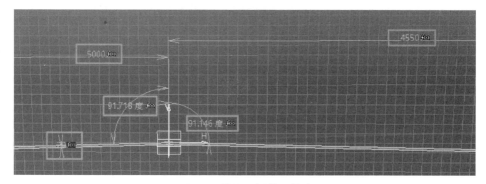

图 6-4 绘制顶板截面轮廓

坡,故不调整凸台方向。如图 6-5 所示。

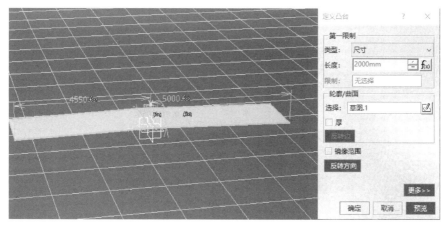

图 6-5 拉伸顶板截面轮廓

(2) 底板绘制

新建几何体,绘制底板截面轮廓(见图 6-6),关联底板厚度、箱梁高度、底板伸出长度参数。如底板有横坡,需要改变轮廓绘制方式,将腹板与底板合并建模，通过定义底板边缘与顶板边缘距离来确定底板的长度，其中顶底板边缘距离公式为：'悬臂_长度'－'底板_伸出长度'+('箱梁_高度'+'顶板右_横坡'/abs('顶板右_横坡')*(('顶板右_宽'－'悬臂_长度')*abs('顶板右_横坡')+'顶板厚_支点'/cos(atan('顶板右_横坡'))))－'底板厚_支点')/'边腹板_斜率'（此公式仅限底板横坡为零时使用）。

这里可参考另外一种建模方式，先绘制钢箱梁顶腹底板轮廓定位线，再在绘制几何体时将几何体的边线与定位线相合，底板横坡问题可以忽略。点击 ⏚（凸台），将第一限制类型设为尺寸，选择底板截面轮廓，关联箱梁节段长度参数。

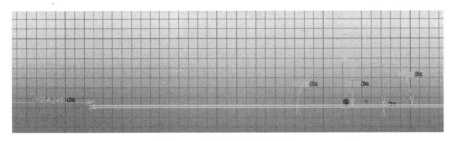

图 6-6　绘制底板截面轮廓

（3）腹板绘制

新建几何体，绘制腹板截面轮廓，将腹板上下边线与相邻顶底板约束定义为相合约束，添加悬臂长度、腹板斜率、腹板厚度参数。约束腹板与竖直方向的角度，双击约束数值添加公式：180deg-atan(1/'边腹板_斜率')，如图 6-7 所示。点击 ⏚（凸台），将第一限制类型设为尺寸，选择腹板截面轮廓，关联箱梁节段长度参数。

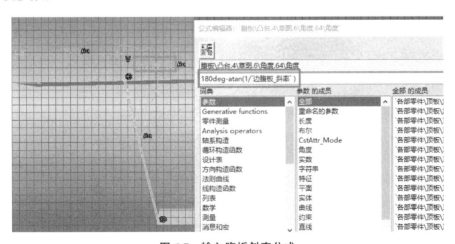

图 6-7　输入腹板斜率公式

（4）侧封板绘制

新建几何体，绘制侧封板截面轮廓（见图 6-8），关联顶板伸出距离、侧封板厚度、侧封板高度参数，将上边线与相邻顶板轮廓线约束定义为相合约束。点

击 🗗 (凸台),将第一限制类型设为尺寸,选择侧封板截面轮廓,关联箱梁节段长度参数。

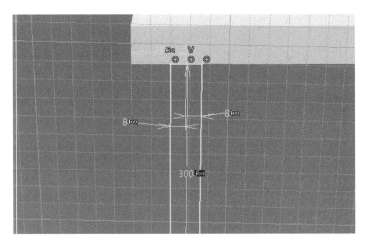

图 6-8　绘制侧封板截面轮廓

(5) 悬臂封板绘制

新建几何体,绘制悬臂封板截面轮廓(见图 6-9),关联悬臂根高度、侧封板伸出距离、悬臂封板厚度参数。将参考线一端点与顶板轮廓上边线约束定义为相合约束(如图 6-9 中①处),将参考线另一端点与腹板轮廓外边线约束定义为相合约束(如图 6-9 中②处),将参考线约束定义为竖直(如图 6-9 中③处),约束参考线长度,关联悬臂根高度参数(如图 6-9 中④处),最后关联侧封板伸出长度(如图 6-9 中⑤处)。点击 🗗 (凸台),将第一限制类型设为尺寸,选择悬臂封板截面轮廓,关联箱梁节段长度参数。

图 6-9　绘制悬臂封板截面轮廓

(6) 定位线绘制

新建几何图形集,在生成的板件表面上绘制加劲肋、横隔板的定位线,约束定位线距离。如图 6-10 所示。

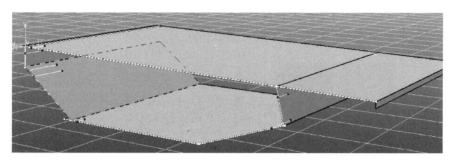

图 6-10 绘制定位线

（7）发布信息

点击菜单栏中的工具，点击发布，依次选中定位所需线、点、面以及参数（见图 6-11）。若未发布点、线、面信息，则此零件导入产品中无法与其他零件进行装配。

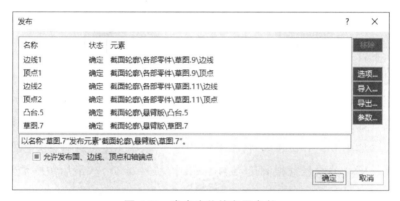

图 6-11 发布定位信息及参数

6.3.2 加劲肋信息化内容及流程

加劲肋各阶段信息输入见表 6-3。

加劲肋各阶段信息输入 表 6-3

项目要素		可研阶段	初设阶段	施工图阶段
几何信息	一般几何信息	—	尺寸	—
	定位几何信息	—	位置、间距	—
非几何信息	一般非几何信息	—	类型、材料、强度	—
	材料拓展非几何信息	—	1. 弹性模量、剪切模量等； 2. 抗拉压抗弯强度、抗剪强度； 3. 最大压应力、最大疲劳应力幅等	—
	计量非几何信息	—	重量、防腐面积	—
	施工拓展非几何信息	—	—	焊接方法、焊条型号、焊缝类型、焊缝质量等级

加劲肋参数化建模方法主要有以下两种：

方法 1：建立零件文件，将定位点、线、面发布，在产品文件中利用装配相合约束固定零件位置，通过快速多实例化快速完成多实例建模，适用于多个相同零件装配。

方法 2：通过面、线定位，使用知识工程模板用户特征功能将加劲肋设置为模板，适用于零件中载入实例化模板。

具体使用哪种方法建模，取决于需要使用加劲肋的部件（顶底板）建模的环境，如是在产品中装配加劲肋，适用于方法 1，如是在零件中载入实例化加劲肋，适用于方法 2，以下演示方法 1 建模过程。

（1）初设阶段加劲肋建模

可研阶段不涉及加劲肋建模，在初步设计中，需要确定加劲肋的形式及尺寸。点击工具→公式，选择长度类型，新建类型参数，修改"长度.1"名称为梁段长度，输入默认值（单位默认为 mm），新建其他几何信息参数，如加劲肋厚度、高度、圆弧曲线半径等，点击确定。如图 6-12 所示。

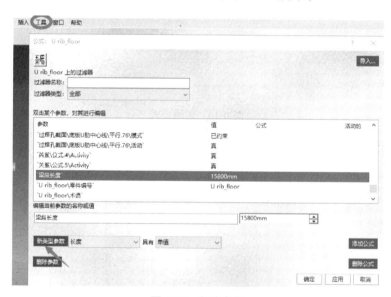

图 6-12　新建参数

点击 xz 平面，点击草图，进入绘制面板。先画一条加劲肋中心线，点击起点，再点击约束，再点击终点，会出现测量结果，也可以通过右键选择水平、竖直或者直线测量结果。如图 6-13 所示。

双击测量数值，点击 $f(x)$，进入公式编辑器。选择参数→长度，找到梁段长度，双击到输入栏中，点击确定。如图 6-14 所示。

当约束定义中的值灰显时，表示公式编辑约束完成，点击退出工作台。继续点击 yz 平面，点击草图，绘制加劲肋轮廓，关联 U 肋高度、U 肋宽度、U 肋厚度、焊接类型、倒角半径、U 肋底部宽度参数。当视图倾斜、偏离中心时可通

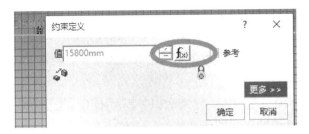

图 6-13 模型尺寸关联参数

图 6-14 编辑公式

过法线视图回到平面视图,点击全部适应,即可最大化当前绘制图形。如图 6-15 所示。

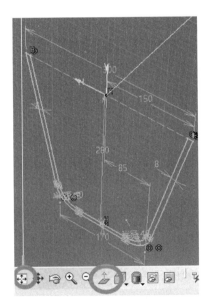

图 6-15 最大化当前绘制图形

当所有线条呈现绿色时即代表所有线条已约束，出现白色线条代表该线条缺少约束，出现红色或者紫色线条代表该线条过约束或存在无效约束。然后进行参数关联，实现加劲肋全部参数化，前面已介绍关联方式，此处不再赘述。

继续添加公式，输入构件的非几何信息如材料、强度等级等（见图 6-16），根据需要可以添加弹性模量、抗拉强度、抗压强度和抗剪强度等性能强度指标。

图 6-16 添加非几何信息

退出工作台，选择加劲肋轮廓，点击凸台命令，生成实体。如图 6-17 所示。

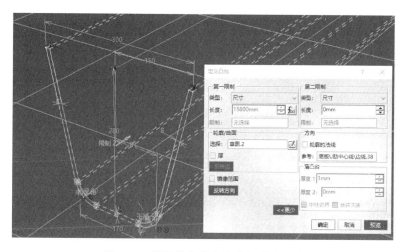

图 6-17 使用凸台命令生成加劲肋实体

在第一限制中点击长度后面的 $f(x)$，编辑长度公式，点击更多后，在方向处取消勾选：轮廓的法线，参考选择加劲肋中心线，点击确定。

模型建立完成后轮廓线将自动隐藏，接下来点击工具栏发布命令进入发布界面。选择在装配过程中需要使用的点、线、面（见图 6-18）。发布不能发布实体整体，否则在装配过程中依然会显示未发布状态。

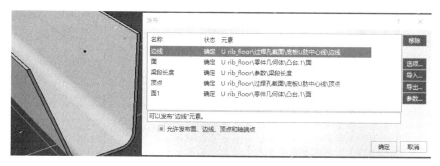

图 6-18 发布加劲肋定位参数

创建零件完成后，保存该零件，保存的文件名中不能出现中文字符，否则将无法打开与引用。

（2）出图功能

加劲肋 BIM 模型生成的图纸是从模型里直接切出并和模型文件相互关联的。即：模型修改的同时，图纸相应修改并关联。

首先基于加劲肋切出主体轮廓，后期使用 2D 线样式、填充样式、文字注释等加以说明。如果模型修改，则主体轮廓会相应改变、但后期的 2D 图纸需要手动调整以保证和模型一致。

加劲肋出图如图 6-19 所示；加劲肋大样图如图 6-20 所示。

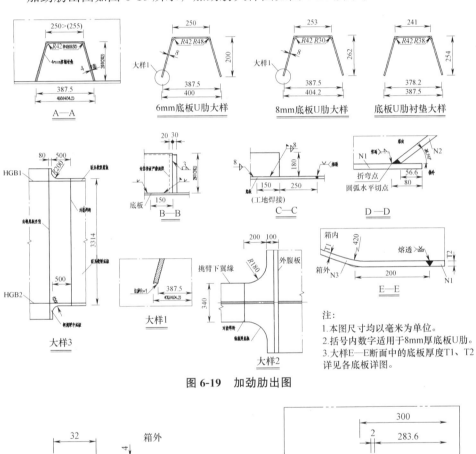

图 6-19　加劲肋出图

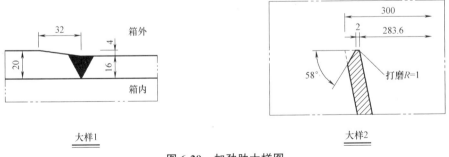

图 6-20　加劲肋大样图

（3）施工图阶段加劲肋建模

上述 BIM 模型可满足初设阶段要求，但在施工图阶段，还需要在原模型上添加焊接方式（如自动焊、手动焊）、焊缝类型等施工拓展的非几何信息参数。如图 6-21 所示。

图 6-21 输入施工非几何信息

6.3.3 加劲肋信息化建模

1. 创建加劲肋 UDF

加劲肋信息化建模宜采用用户特征模板制作，根据自动生成的定位线放置得出模型，以下演示如何创建 U 肋的用户特征模板。首先需确定通过哪些信息能够准确定位加劲肋，模型可直接通过加劲肋依附的平面、加劲肋中心线、加劲肋的起点创建加劲肋模板。新建零件文件命名为 JJL-UDF，将绝对轴系隐藏，新建几何图形集，并命名为"参考线"。点击直线命令，选择线型：点-点，点 1：创建点（0，0，0），点 2：创建点（500，0，0），点击确定。再次点击直线命令，选择线型：点-点，点 1：创建点（0，100，0），点 2：创建点（500，1000，0），点击确定。如图 6-22 所示。

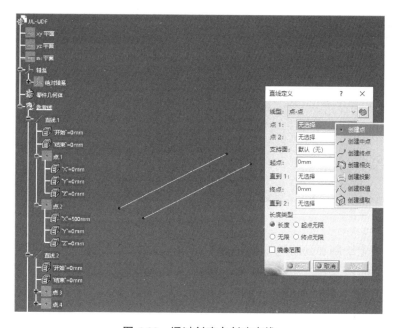

图 6-22 通过创建点创建直线

点击平面，选择平面类型：通过两条直线，直线 1：直线 .1，直线 2：直线 .2，点击确定（见图 6-23）。点击平面，选择平面类型：曲线的法线，曲线：

直线.1，曲线长度比率：1，点击确定。点击平面，选择平面类型：曲线的法线，曲线：直线.1，曲线长度比率：0，点击确定。

为避免再次使用"直线.2"可将"直线.2"隐藏。点击平面，选择平面类型：通过两条直线，直线1：直线.1，直线2：直线.2。

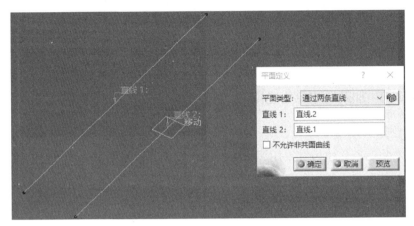

图 6-23 通过两直线创建平面

继续创建平面，点击平面，选择平面类型：曲线的法线，曲线：直线.1，点：端点。按照此方式创建直线另一端平面。如图 6-24 所示。

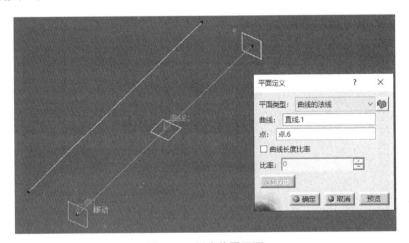

图 6-24 创建首尾平面

在平面上绘制加劲肋轮廓（见图 6-25），关联尺寸参数，推荐使用定位草图将圆心放在直线端点，减少约束的工作量。

使用凸台命令，选择第一限制、第二限制类型：尺寸、长度：'箱梁跨径'－'加劲肋切割长度'，留出加劲肋切割长度。如图 6-26 所示。

点击工具栏中的插入→知识工程模板→用户特征，修改 UDF 名称为 U-JJL-UDF，依次选择所有创建的点、线、面、草图、凸台、实体、参数，但定位元素除外。双击需要发布的参数，以便于使用模板时控制模板参数，点击确定，即可完成用户特征模板的创建。如图 6-27 所示。

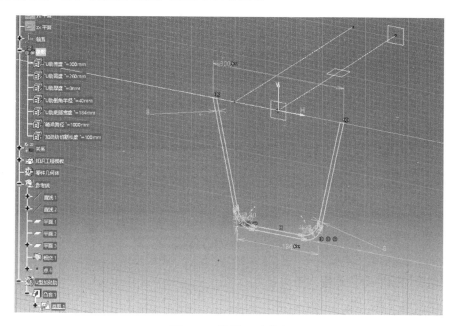

图 6-25　绘制 U 肋轮廓

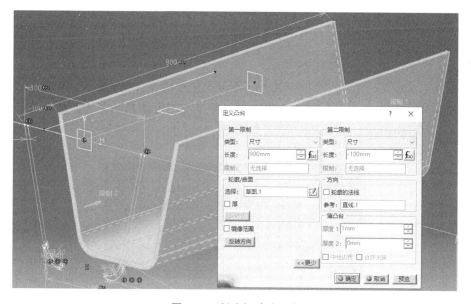

图 6-26　创建加劲肋凸台

2. 利用知识工程阵列

在设计过程中，加劲肋间距对于同一箱室内的排布方式是有规律的，可通过手动导入加劲肋，使用阵列功能放置多个实例，但这种方式比较适用于创建固定模型，后期改动较麻烦。因此可使用知识工程阵列控制加劲肋的间距，后期仅需控制间距参数即可改变模型加劲肋的排布。

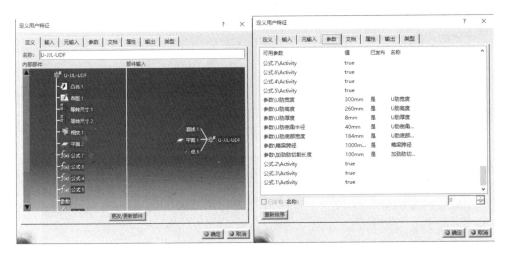

图 6-27 定义用户特征

创建加劲肋定位点输入条件：

（1）参考点、线

参考点只能是通过点工具创建的点才能被引用，草图中的点无法被引用。参考线可是直线，也可是任意连续曲线，同理草图中的线无法被引用。

（2）几何图形集

创建的点属于几何图形，需放入几何图形集中。若列表目标位置为几何体，知识工程阵列会自动删除目标几何体。值得注意的是，在语法无错误的情况下可能不会生成列表，此时优先检查关系→知识工程阵列→列表中的尺寸参数是否读入（见图 6-28），再缩小范围进一步检查。常见报错可能是由于：缺少括号、逻辑循环、目标集合不匹配等。

图 6-28 检查知识工程列表

以下是创建加劲肋定位点的源代码：

```
/*变量声明*/
letpt1(Point)
leti(Integer)
letLe(Length)
```

```
/*自动判断曲线方向*/
letpt(point)
letlen(length)
letBo(Boolean)
pt=pointoncurve('input\曲线.1','input\点.4',10mm,true)
len=distance(pt,'input\曲线.1')
iflen==0mm
{
    Bo=True
}
else
{
    Bo=False
}
'关系\KnowledgeEngineering1\PointList'->AddItem('input\点.4',1)
i=1
foriwhilei<='N1'+'N3'+'N2'
{
    /*不等弧长点输入规则*/
    ifi<='N1'
    {
        Le='S1'
    }
    ifi>'N1'andi<='N1'+'N2'
    {
        Le='S2'
    }
    ifi<='N1'+'N3'+'N2'andi>'N1'+'N2'
    {
        Le='S3'
    }
    pt1 = CreateOrModifyDatum("Point",'output','关系\KnowledgeEngineering1\PointList',i+1)
    pt1 = pointoncurve('input\曲线.1','关系\KnowledgeEngineering1\PointList'->GetItem(i),Le,Bo)
```

```
    pt1.Name="Point"+ToString(i)
    i=i+1
}
```

以上可以通过更改 N、S 的数值自动改变加劲肋定位点的位置，由于加劲肋间距类型较少，此处预留三种间距类型，当然也可修改代码，以增加间距类型。代码对应的结构树如图 6-29 所示。

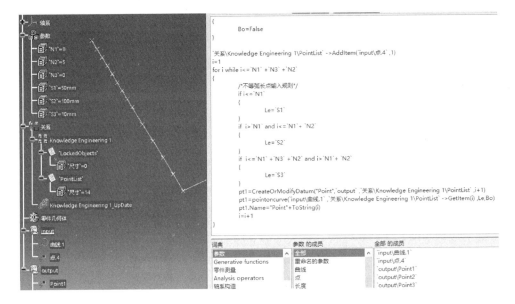

图 6-29　代码对应的结构树

得到加劲肋的点位坐标后，还需要创建加劲肋的定位线，通过这两个元素，才能使用知识工程阵列放置加劲肋实体（见图 6-30）。以下是布置加劲肋的源代码：

```
/* 自动获取阵列数量 */
letlen1(length)
letPtNumber(integer)
PtNumber=length('InputElement\Curve')/'Le'
'关系\KP_ChordLengthPoint\PointsList'->AddItem('InputElement\Init-Point',1)
    i=1
    foriwhilei<=PtNumber
    {
      f=CreateOrModifyTemplate("Autocatalog|ChordPoint",'OutPointsSet','关系\KP_ChordLengthPoint\PointsList',i+1)
```

```
    /*用户输入条件*/
    f. Pt_Curve='InputElement\Curve'
    /*点与点需要不断的替换*/
    f. Pt_InitPoint='关系\KP_ChordLengthPoint\PointsList'->GetItem(i)
    /*用户自定义弦长长度*/
    f. ChordPoint_Length=Le1
    EndModifyTemplate(f)
    f. Name="Point_"+ToString(i)
    i=i+1
}
```

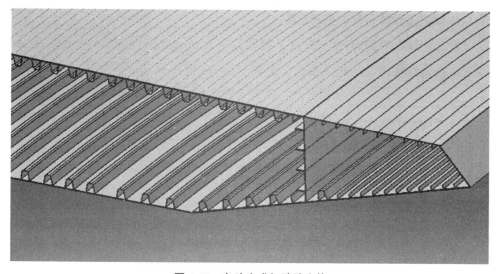

图 6-30　自动生成加劲肋实体

3. 应变（Reactions）的作用

利用应变图标 所创建的应变特性，可在当事件发生时指出该事件所引起的某些特征属性的改变。应变作为一种特性，通过引发一种相应的行为在事件根源处起作用，解决了规则和行为的局限性，使设计更具关联性和应变性。当某一特征发生变化时，另一特征因关联了，该应变也会随之发生改变，此即为应变。应变是基于事件的特性，应变中 Sources 可以为某一选定特性（或特性列表），也可以为参数，事件包括下列几类：

（1）对象的一般事件（如创建、删除、更新、拖放、属性改变等）以及参数值的改变。

（2）指定事件（如 PowerCopy 或 UDFinstantiation/update）。

（3）插入、替换部件。

（4）对象的拖放。

应变与规则的共性是可存储在模型中，能对变化起作用，并能引发修改操作。参照文档中其他对象和参数，支持替换机构。尽管应变与规则在很多方面具有相似性，但应变也有其特有的功能：

（1）当引发行为操作时，应变特性能提供更好的控制。

（2）应变使用户执行更复杂的行为（Actions）成为可能。由于行为在被触发时即被很好地控制，并且不受更新机构的限制，因此用户就可应用 Visual Basic API，从行为中调用带有自变量的 Visual Basic 宏。

（3）应变可用来定制更新机构的信息，如定制用户特征等。

（4）应变可对用户的行为（调入用户自定义特征）、在装配体中插入部件、编辑参数等操作发挥作用。

（5）应变可被保存在模型中，并在定义 PowerCopy 或用户特征时完整地应用。

4. 知识工程阵列自动更新应变

点击工具栏中的开始→知识工程模块→Knowledge Advisor 的 （Reaction），点击结构树中的相关参数，会在 Sources 框中显示，会自动识别参数类型，点击 Edit action... 编辑公式，在公式栏输入：'关系 \ Knowledge Engineering1'->Update（），点击确定。如图 6-31 所示。

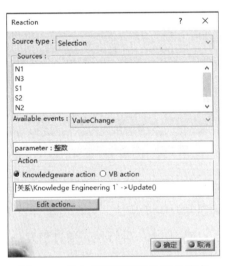

图 6-31 使知识工程自动更新的应变

更改结构树中的参数，知识工程阵列即可自动更新，也可在知识工程阵列中调整模式为（在根更新之前）自动执行，与之效果相同。如图 6-32 所示。

图 6-32 自动更新设置

6.3.4 横隔板信息化内容及流程

横隔板虽然能显著减小钢箱梁的畸变效应，但是并不是布置横隔板越多越好，当横隔板的间距小到一定程度之后再继续增加横隔板的数量也是无用的。所以，合理确定横隔板的间距和刚度是钢箱梁桥设计合理性的关键。各设计阶段中横隔板的信息化模型内容见表6-4。

横隔板各阶段信息输入　　　　　　　　　　　　　　表6-4

项目要素		可研阶段	初设阶段	施工图阶段
几何信息	一般几何信息	尺寸		—
	定位几何信息	—	位置、间距	
非几何信息	一般非几何信息	—	类型、材料、强度	
	材料拓展非几何信息	—	1. 弹性模量、剪切模量等； 2. 抗拉压抗弯强度、抗剪强度、端面承压强度等； 3. 最大拉应力、最大疲劳应力幅等	
	计量非几何信息		重量、防腐面积	
	施工拓展非几何信息	—	—	焊接方法、焊条型号、焊缝类型、焊缝质量等级

1. 横隔板可研阶段信息化建模

在可研阶段需要确定横隔板的样式，绘制参数化横隔板轮廓，具体建模方法为：

在新建几何零件体中绘制横隔板外轮廓（见图6-33），将横隔板截面信息与参数关联，以方便后期修改。横隔板截面数据信息是由顶腹底板控制的，可将

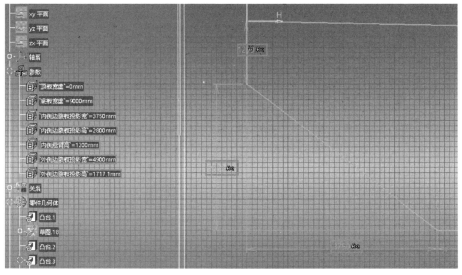

图6-33　绘制横隔板外轮廓

参数设为顶腹底板的长宽，保持统一，在横隔板公式处扣除板厚即可，如横隔板底边长为：'底板宽度'－2*'腹板厚度'/cos（atan'腹板比率'）。

使用凸台命令生成实体，在长度处关联横隔板厚度参数，勾选镜像范围，如图 6-34 所示。将横隔板定位线、定位点发布，添加横隔板材料、强度等级参数，即可达到可研阶段设计信息化模型的要求。

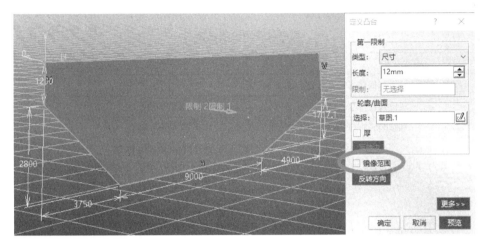

图 6-34 使用凸台生成横隔板实体

2. 横隔板初设阶段信息化建模

初设阶段需要确定顶底板加劲肋的位置及数量，竖向加劲板、横向加劲板、人洞、过线孔等数量及位置信息，输入横隔板材料、强度等级等非几何信息，建模过程如下：点击新生成的横隔板实体表面，点击绘制命令，创建的轮廓会直接基于实体表面生成，可先将横隔板草图轮廓显示，以便约束，绘制横向加劲板轮廓（见图 6-35），将加劲板与横隔板轮廓距离用参数关联，完成后退出工作台，生成凸台，将第一限制长度关联到加劲板厚度参数。

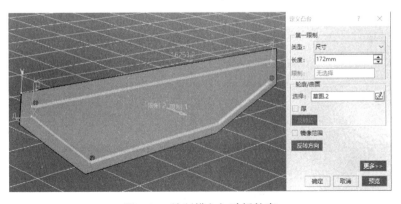

图 6-35 绘制横向加劲板轮廓

同理，绘制竖向加劲板轮廓（见图 6-36），并定义草图轮廓间距参数。由于限制了加劲板的顶点必须位于横向加劲板上，故不用再约束竖向加劲板的长度。

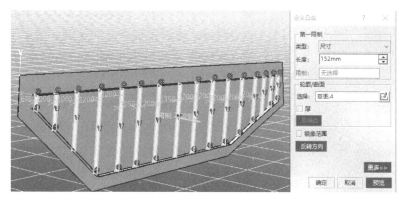

图 6-36 绘制竖向加劲板轮廓

继续基于 xz 平面创建过线孔、人洞草图轮廓，点击凸台命令生成过线孔、人洞外轮廓（见图 6-37），根据设计图纸，此处需勾选镜像范围。

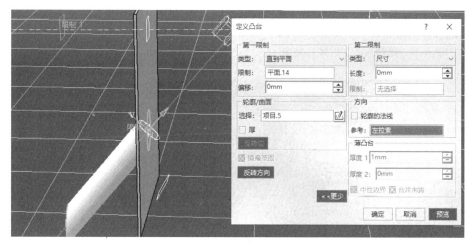

图 6-37 绘制过线孔、人洞外轮廓

再基于创建的过线孔、人洞凸台表面绘制轮廓线，点击凹槽命令定义凹槽第一限制类型为直到最后，完成挖孔操作。如图 6-38 所示。

图 6-38 绘制过线孔、人洞凹槽

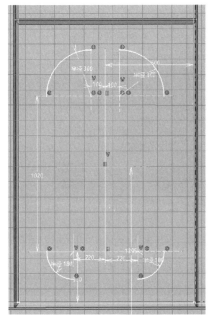

图 6-39 绘制人洞、过线孔顺序

绘制人洞、过线孔过程中，最好先画弧部分，通过弧端点之间连线，约束不容易出现问题（否则容易漏掉约束或者过约束）。如图 6-39 所示。

基于横隔板轮廓，绘制过焊孔截面轮廓（见图 6-40），根据设计，选择加劲肋的类型，与前面建立的顶底板加劲肋形状、参数协调统一，使用凹槽命令，选择第一限制类型为直到最后，点击确定后生成过焊孔凹槽。

使用定义矩形阵列命令，参数类型设置为实例和间距，输入实例个数与实例间距，右键关联顶底板加劲肋间距参数，参考方向点击横隔板上部轮廓线或实例边线皆可，点击确定阵列生成其他过焊孔轮廓。如图 6-41 所示。

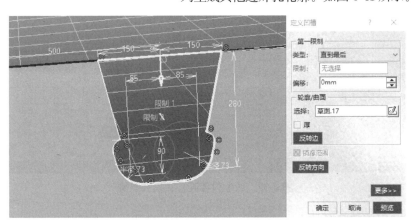

图 6-40 绘制过焊孔轮廓

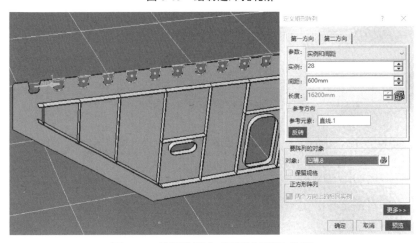

图 6-41 使用阵列生成其他过焊孔轮廓

当实例间距为不等时，选择参数类型为实例和不等间距，调整每个实例间的间距。由于间距不相等时需要调整的间距较多，参数化关联意义不大，通过手动调整加劲肋间距效率更高。

同理绘制其他过焊孔凹槽，阵列得到整排过焊孔。如图6-42所示。

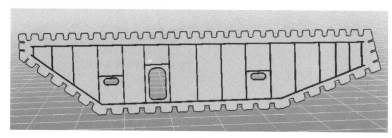

图 6-42　横隔板全图

在零件属性处，添加更多材料拓展非几何信息，如最大拉压应力等信息，以满足初设阶段的设计要求。

3. 横隔板施工图阶段信息化建模

绘制角点加劲部分，在 yz 平面上绘制角点加劲底板轮廓（见图6-43），定义凸台，使用第二限制功能。

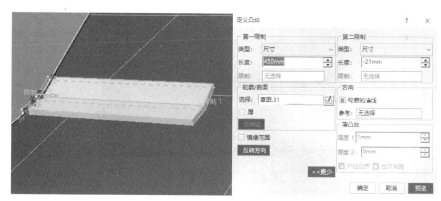

图 6-43　绘制角点加劲底板

在 yz 平面上绘制角点加劲腹板轮廓，首先绘制角平分线，按 Ctrl+(1)(2)(3) 的顺序选中直线，约束定义为对称。如图6-44所示。

绘制轮廓，生成凸台，勾选镜像范围。如图6-45所示。

在角点加劲腹板上绘制两个凹槽轮廓，将轮廓长度、宽度、厚度关联到相关参数。如图6-46所示。

在角点加劲腹板上继续绘制横向加劲

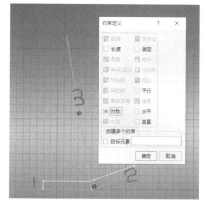

图 6-44　利用对称创建角平分线

板，绘制完成后使用镜像命令，将轮廓、凹槽镜像到另一侧。如图 6-47 所示。

根据设计经验，补充其他挖孔切角部位。如图 6-48 所示。

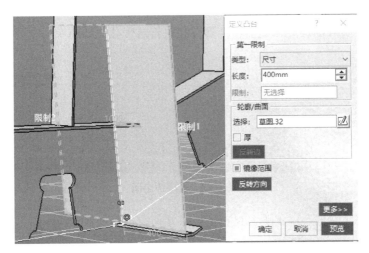

图 6-45 绘制角点加劲腹板

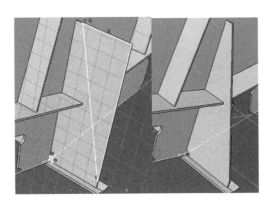

图 6-46 利用凹槽剪切

图 6-47 利用镜像绘制对称部分

添加焊接方法、焊接等级等施工信息，点击工具→发布命令，将定位所需的点、线、面及参数发布。横隔板部分绘制完成。

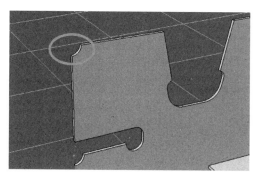

图 6-48 绘制过焊孔

4. 横隔板出图阶段设置

从模型里直接切出与模型文件相互关联的横隔板生成图纸，可实现在模型修改的同时图纸相应修改并关联。

横隔板模型切出主体轮廓，后期使用 2D 线样式、填充样式、文字注释等加以说明。如果模型修改，则主体轮廓会相应改变，但后期的 2D 图纸需要手动调整以保证和模型一致。

横隔板出图如图 6-49 所示；人非系统横隔板如图 6-50 所示；角点加劲详图如图 6-51 所示。

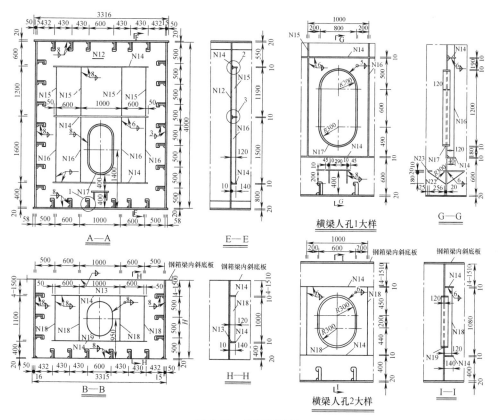

图 6-49 横隔板出图

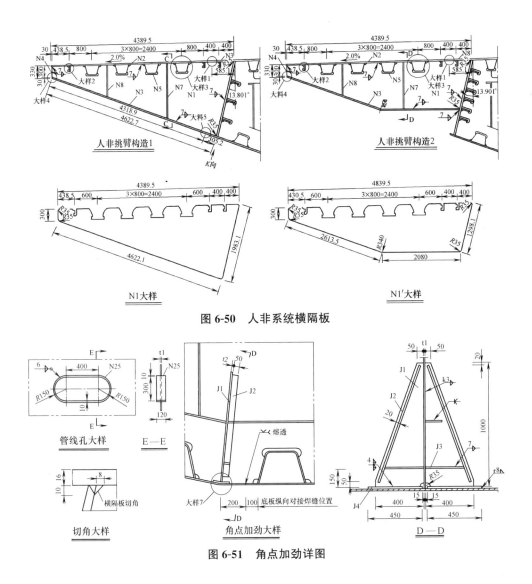

图 6-50 人非系统横隔板

图 6-51 角点加劲详图

6.3.5 横隔板信息化建模

由于横隔板竖向加劲板的数量、长度设计模式不一致，横向加劲板位置、人洞位置、数量不易定位，不适合做成参数化模板，只可根据实际项目制作适用的超级副本模板，当需要时直接提取引用，直接修改模板。目前将框架式、实腹式、端封式、支点式横隔板做成超级副本模板，创建不同梁节段的横隔板定位平面，通过超级副本模式放置，此法可达到快速修改的目的，提高三维模型绘制效率。创建横隔板定位点、线、面的源代码如下：

```
Let i(integer)
Let pt1(point)
Let L1(line)
Let Pl(plane)
```

```
/*自动判断曲线方向*/
Let pt(point)
pt=pointoncurve('InputElement\Curve','InputElement\InitPoint',10mm,true)
let len(length)
len=distance(pt,'InputElement\Curve')
let Bo(Boolean)
if len==0mm
{
    Bo=True
}
else
{
    Bo=False
}
/*创建点*/
i=1
for I while i<='PointNumber'
{
    If mod(i,2)==1
    {
       pt1 = CreateOrModifyDatum("point",'Output\OutputOdd\OutOddPointsSet','PointList',i)
    }
    else
    {
      pt1 = CreateOrModifyDatum("point",'Output\OutputEven\OutEvenPointsSet','PointList',i)
    }
    pt1=pointoncurveRatio('InputElement\Curve','InputElement\InitPoint',(i-1)/('PointNumber'-1),Bo)
    pt1.Name="Point_"+ToString(i)
    i=i+1
}
/*创建直线*/
```

```
i=1
for I while i<=' PointNumber'-1
{
    If mod(i,2)==1
    {
        L1=CreateOrModifyDatum("line",' Output\OutputOdd\OutOddLineSet',' LineList',i)
    }
    else
    {
        L1=CreateOrModifyDatum("line",' Output\OutputEven\OutEvenLineSet',' LineList',i)
    }
    L1=line(' PointList'->GetItem(i),' PointList'->GetItem(i+1))
    L1.Name="Line_"+ToString(i)
    i=i+1
}
/*创建平面*/
i=1
for I while i<=' PointList'->Size()
{
    if mod(i,2)==1
    {
        Pl=CreateOrModifyDatum("plane",' Output\OutputOdd\OutOddPlaneSet',' PlaneList',i)
    }
    else
    {
        Pl=CreateOrModifyDatum("plane",' Output\OutputEven\OutEvenPlaneSet',' PlaneList',i)
    }
    Pl=planenormal(' InputElement\Curve',' PointList'->GetItem(i))
    Pl.Name="Plane_"+ToString(i)
    i=i+1
}
```

加底线部分的代码仅作为参考，实际中按需求选择输入。代码生成效果如图 6-52 所示。

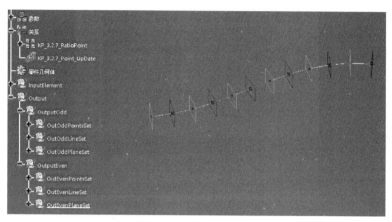

图 6-52 代码生成效果

6.3.6 箱梁装配

1. 初设阶段

主梁装配过程即将箱梁顶腹底板、横隔板、加劲肋、挑臂等通过定位线，利用相合约束拼装起来。在可研阶段就需要完成顶腹底板、横隔板拼装，在初设阶段需要确定横隔板的间距以及更新初步设计中修改过的模型，拼装顶腹底板加劲肋，在后面的设计中可以通过调整参数来控制零件之间的相对距离。装配过程如下所示：创建产品文件（product），点击插入→现有部件→选择主梁顶腹底板→确定，再点击选择树中的 product，即可导入。点击 ✈ （修复部件）图标（实际上是固定功能），固定导入的模型（以骨架线定位的则选择骨架线）。再次点击插入→现有部件，选择创建的加劲肋，点击操作按钮，将加劲肋调整到定位线附近位置。

点击加劲肋发布的其中一个平面后，点击 ⊘（相合约束）命令，再点击顶板底面，即完成一组约束定义（见图 6-53）。在左侧选择树的最后，可以找到该约束并修改，进一步约束加劲肋中心线、端点后，可将加劲肋固定在顶板上。约束完成后模型并没显示两者连接，因为设置的模式为手动更新，需点击编辑栏里的更新命令，才能显示两者相合（见图 6-54）。

点击 ✈ ✈（多实例化）按钮，选择要实例化的部件，输入实例个数及间距，选择参考方向，即可完成多实例化。如图 6-55 所示。

使用多实例化功能将其他部件导入，得到箱梁模型，如图 6-56 所示。将所有参考线隐藏，模型展示效果更美观，后续只需调整骨架线模型即可调整整个模型。

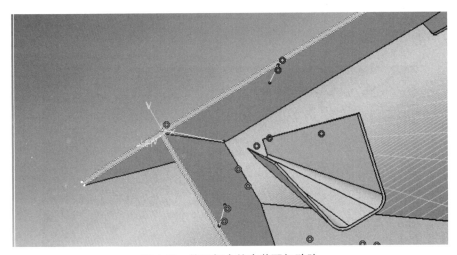

图 6-53 使用相合约束装配加劲肋

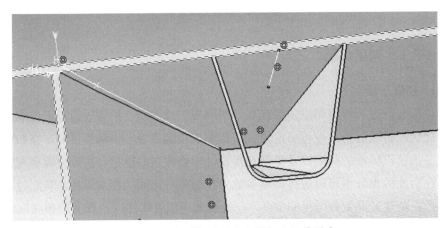

图 6-54 更新后加劲肋中心线与定位线重合

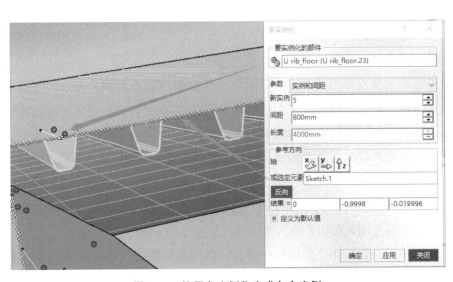

图 6-55 使用多实例化生成多个实例

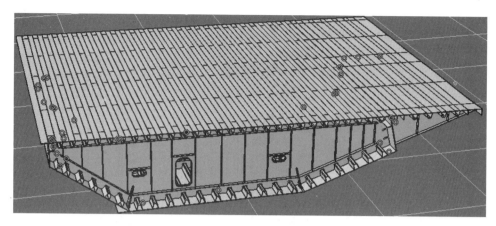

图 6-56 装配其他构件

2. 出图阶段操作

从模型里直接切出钢箱梁生成的图纸是与模型文件相互关联的，模型修改的同时图纸也相应修改并关联。

基于钢箱梁切出主体轮廓，使用 2D 线样式、填充样式、文字注释等加以说明。如果模型修改，则主体轮廓会相应改变，但后期的 2D 图纸需要手动调整以保证与模型一致。

顶板构造图如图 6-57 所示；钢箱梁截面尺寸图如图 6-58 所示。

6.3.7 梁段装配过程

中间联系横梁建模方式与主梁一致，在此不再赘述，稍有不同的是，联系横梁腹板上的加劲肋长度各不相同，以下提供三种建模思路：

（1）以箱梁加劲肋装配过程为参考，在腹板上绘制多条定位线，创建多个相似加劲肋，根据定位线及利用相合约束导入模型。此方法使用的软件功能少，但重复性工作多，对于腹板较少、模型类型单一的模型较为适用。

（2）使用知识工程模板，即超级副本，根据线、面生成加劲肋。此方法前期需花费少量时间制作模板，创建模板的过程中可能会遇到一些问题，但在装配中选取平面和点线可创建加劲肋，该方法后期建模速度快，适合于长度不同的加劲肋模型。在拉索锚具部分建模会详细介绍知识工程模板用户特征的使用方法。

（3）通过设计表编辑加劲肋参数与加劲肋坐标位置，复制多个实例，引用设计表改变加劲肋位置及尺寸，该方法与模型联动性较差，在前期需要花时间整理数据，但不需要定位线，后期修改模型快，适用于后期对加劲肋修改幅度较大的情况。

梁段装配过程与箱梁装配过程类似，由梁段定位骨架线、箱梁模型、中间联系横梁构成。由于左右幅关于道路中心线对称，故采用对称功能。首先选择要对称的模型对象，点击 ![icon] （对称）按钮，选择对称面，勾选镜像，其他按默认选择。如图 6-59 所示。

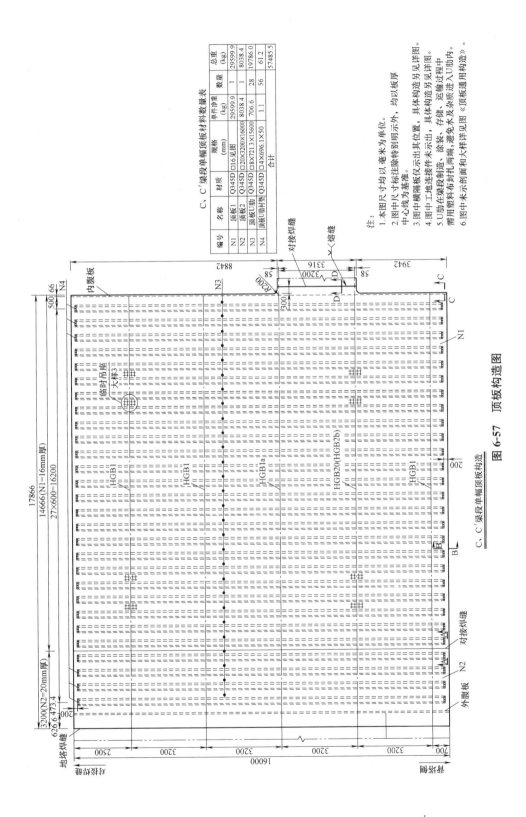

图 6-57 顶板构造图

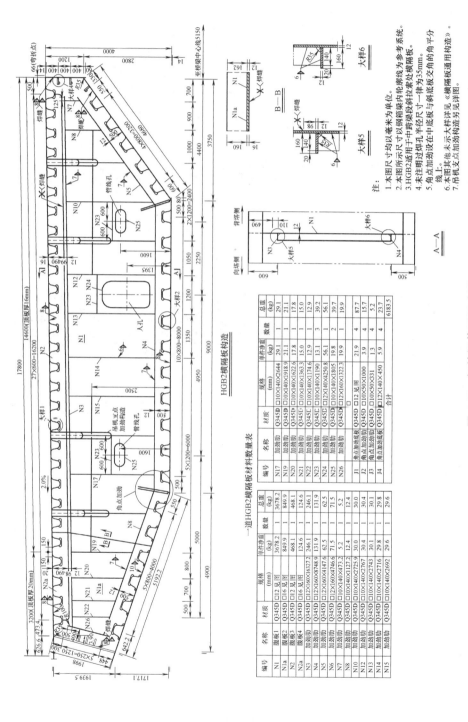

图 6-58 钢箱梁截面尺寸图

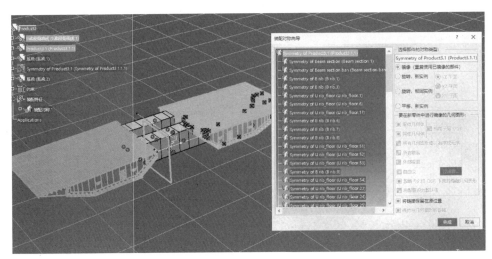

图 6-59 使用装配对称镜像

多种梁段根据骨架线拼装到一起后合成主梁模型。由于此模型对称性强,绘制 1/4 段主梁通过镜像得到全桥模型。如图 6-60 所示。

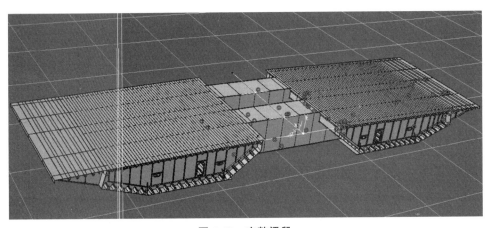

图 6-60 完整梁段

从模型里直接切出基于梁段生成的图纸是与模型文件相互关联的,模型修改的同时图纸也相应修改并关联。

基于梁段切出主体轮廓,使用 2D 线样式、填充样式、文字注释等加以说明。如果模型修改,则主体轮廓会相应改变,但后期的 2D 图纸需要手动调整以保证和模型一致。

中间联系横梁自动生成的图纸如图 6-61 所示。

6.3.8 超高加宽梁段建模

在创成式外形设计界面使用相同的绘制顺序绘制两截面轮廓,改变不同的顶板坡度,如图 6-62、图 6-63 所示。

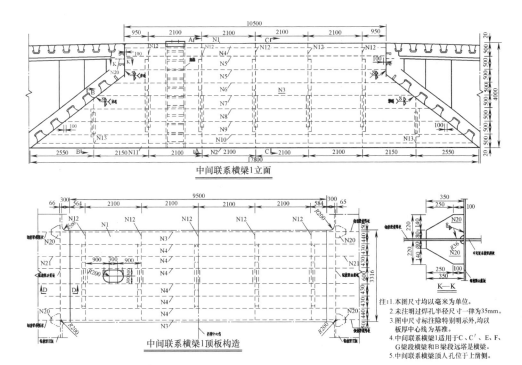

图 6-61 中间联系横梁自动生成图纸

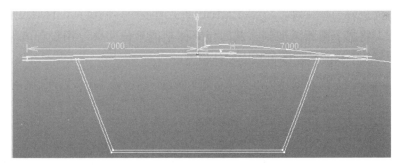

图 6-62 顶板双坡 2%

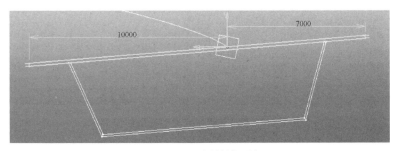

图 6-63 顶板单坡 8%

点击多截面包络体按钮,添加绘制的两截面,添加引导曲线,添加耦合点。耦合点添加顺序与截面轮廓添加顺序相同。将所有轮廓顶点都创建耦合组,可避免出现轮廓不能对称的情况。为减少操作步骤,也可以隔一个顶点添加一组耦合，实现相同的效果。如图 6-64 所示。

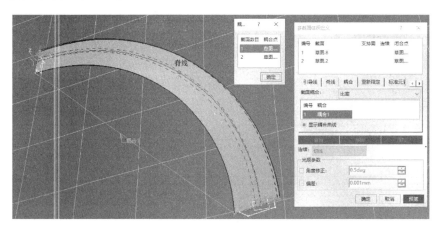

图 6-64　创建耦合

建模中，加宽分为两种，一种是平曲线中弯道部分出现的内侧加宽；另一种是在车道分流处的车道加宽。建模都可采用多截面包络体功能，输入加宽梁段的关键截面，添加加宽方向的引导线（或可以使用默认脊线），生成实体，功能类似于 Revit 中的放样融合，注意添加耦合点保证线条对齐。图 6-65 所示为未添加耦合点导致轮廓线偏高。

这里提供另一种建模思路，首先在平面上通过坐标创建点，再通过连线生成截面轮廓，将多个截面添加到多截面包络体功能生成实体。用设计表导出点坐标，在 Excel 中修改数据即可改变实体模型。

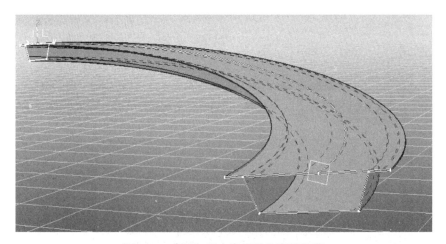

图 6-65　未添加耦合点导致轮廓线偏离

6.4　支座信息化建模

支座各阶段信息输入见表 6-5。

支座各阶段信息输入　　　　　　　　　　表 6-5

项目要素		可研阶段	初设阶段	施工图阶段
几何信息	一般几何信息	—	尺寸	—
	定位几何信息	—	位置、间距	—
非几何信息	一般非几何信息	—	类型、材料、强度	—
	材料拓展非几何信息	—	1. 弹性模量、剪切模量等；2. 最大压应力、最大疲劳应力幅等	—
	计量非几何信息	—	重量、防腐面积	—
	施工拓展非几何信息	—	—	安装工艺

桥梁支座是连接桥梁上部结构和下部结构的重要结构部件，位于桥梁和垫石之间，将桥梁上部结构承受的荷载和变形（位移和转角）可靠地传递给桥梁下部结构，是桥梁的重要传力装置。桥梁工程常用的支座有固定支座和活动支座两种，形式包括：油毛毡或平板支座、板式橡胶支座（见图 6-66）、球型支座、钢支座（见图 6-67）和特殊支座（见图 6-68）等。

图 6-66　板式橡胶支座

图 6-67　钢支座

图 6-68　铅芯减震支座

1. 初设阶段信息化建模

支座建模模型简单，数量不多，使用基本功能创建即可。首先，新建零件，在 xy 平面绘制支座底板截面轮廓（见图 6-69），定义对边关于 H、V 方向对称，关联支座底板长度、支座底板宽度参数，退出工作台，点击凸台命令，关联支座底板厚度参数。

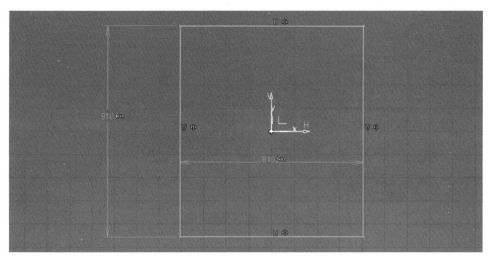

图 6-69　绘制支座底板截面轮廓

新建几何体，在支座底板顶面绘制橡胶轮廓草图，关联橡胶支座半径参数。退出工作台，点击凸台命令，关联橡胶支座厚度参数。同理绘制支座顶板，关联支座顶板长度、支座顶板宽度、支座顶板厚度参数。生成的支座实体如图 6-70 所示。

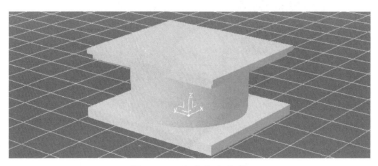

图 6-70　生成支座实体

在支座顶板顶面上添加打孔的点位，关联点的 H、V 方向坐标距离。如图 6-71 所示。

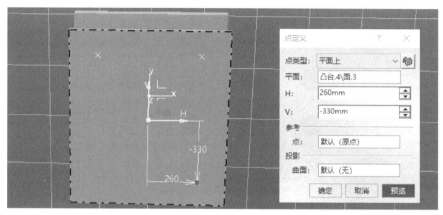

图 6-71 绘制打孔定位点

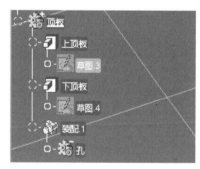

图 6-72 结构树上装配

根据得到的孔位坐标，在顶板顶面上绘制凹槽轮廓，关联孔直径参数，将生成的孔几何体装配到对应构件中（见图 6-72）。使用孔命令生成即可（见图 6-73）。如果需要绘制的孔洞较多，将绘制一个孔洞模板，利用用户特征功能实现快速生成孔。

赋予几何体材质等一般非几何信息，先将需要赋予材质的几何体定义为工作对象，点击 ![icon]（应用材料），双击确定使用默认库，选择合适材质。如图 6-74 所示。

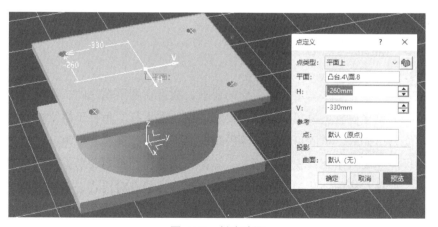

图 6-73 创建孔洞

后期可更改材料的力学特性、指标等。如图 6-75 所示。

2. 施工图阶段信息化建模

施工图阶段信息化建模需输入支座安装流程、注意事项等非几何信息。

图 6-74 应用材料

图 6-75 输入材料结构属性信息

6.5 伸缩缝信息化建模

桥梁伸缩缝是为了满足桥面变形的要求，通常在两梁端之间、梁端与桥台之间或桥梁的铰接位置上设置的装置，要求伸缩缝在平行、垂直于桥梁轴线的两个方向均能自由伸缩，牢固可靠，车辆驶过时应平顺、无突跳与噪声；要能防止雨水和垃圾泥土渗入阻塞；安装、检查、养护、消除污物都要简易方便。在设置伸缩缝处，栏杆与桥面铺装都要断开。伸缩缝类型一般有对接式、钢制支承式、组合剪切式（板式）、模数支承式以及弹性装置等，其各设计阶段信息化建模需求见表 6-6。

1. 初设阶段建模

伸缩缝的绘制较为复杂，但在实际工程中，伸缩缝都是成品安装（见图 6-76）。下面介绍通用伸缩缝建模过程。首先，新建零件文件，插入几何图形集，绘制伸缩缝中心线。在伸缩缝中心线端点创建两个垂直伸缩缝平面。新建几何体，在刚才创建的其中一个平面上，使用定位草图绘制伸缩缝截面轮廓，关联尺寸参数。如图 6-77 所示。

伸缩缝各阶段信息输入　　　　　　　　　　　　　　　表 6-6

	项目要素	可研阶段	初设阶段	施工图阶段
几何信息	一般几何信息	—	尺寸	—
	定位几何信息	—	位置、间距	—
非几何信息	一般非几何信息	—	类型、材料、强度	
	材料拓展非几何信息	—	1. 弹性模量、剪切模量等；2. 抗拉压抗弯强度、抗剪强度、端面承压强度等；3. 最大拉应力、最大压应力、最大疲劳应力幅等	
	计量非几何信息	—	重量、防腐面积	
	施工拓展非几何信息	—	—	安装流程

图 6-76　伸缩缝模型图

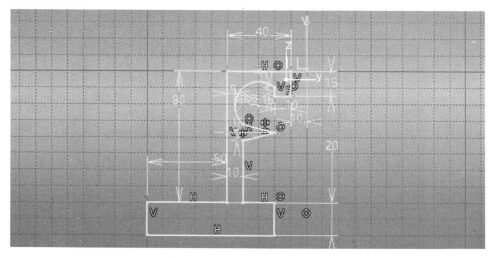

图 6-77　绘制伸缩缝截面轮廓

使用凸台命令，选择直到平面，得到伸缩缝实体。同理绘制另一半伸缩缝，或通过镜像得到另一半伸缩缝。最后绘制胶条轮廓，通过凸台生成胶条实体，赋予胶条材质。如图 6-78 所示。

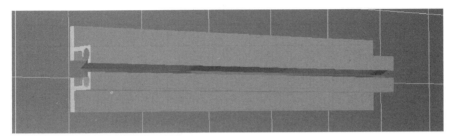

图 6-78　绘制胶条

个别类型的伸缩缝不仅有常规实体构件，还有弹簧、螺栓等复杂构件（见图 6-79），下面介绍弹簧的创建方式。

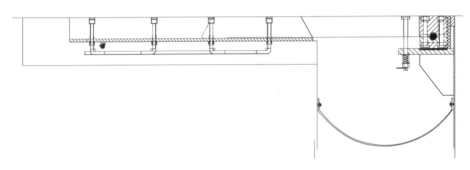

图 6-79　复杂伸缩缝

首先插入几何图形集，切换到创成式外形设计，点击 （螺旋线），输入螺距、转数。起点位置可以创建点，选择旋转轴（只要起点不与旋转轴重合即可生成螺旋线）。如图 6-80 所示。

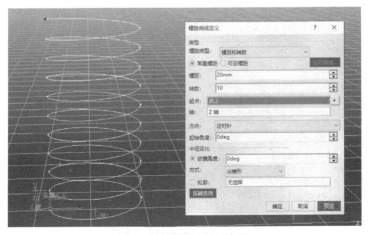

图 6-80　弹簧绘制示意图

通过扫掠形成曲面，再在零件设计中封闭曲面生成实体。如图 6-81 所示。

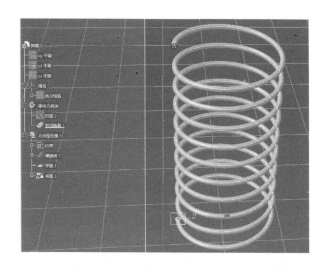

图 6-81　生成弹簧实体

2. 施工图阶段建模

在施工图阶段，需要添加伸缩缝的安装流程信息以及安装过程中的注意事项。

6.6　小结

根据以上介绍的各构件建模方法，可实现钢箱梁的模型创建、输入几何参数信息和非几何参数信息，各设计阶段得到的模型如图 6-82～图 6-84 所示。

支座按以上方式创建模型、输入几何参数信息和非几何参数信息，根据设计不同阶段得到的模型如图 6-85～图 6-87 所示。

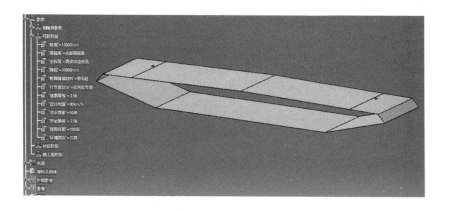

图 6-82　可研阶段主梁节段模型及信息

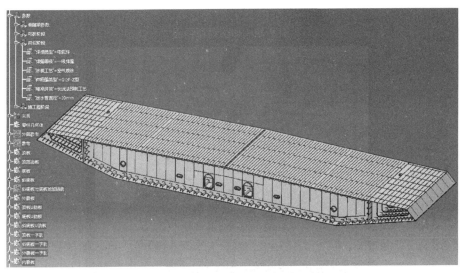

图 6-83　初设阶段主梁节段模型及信息

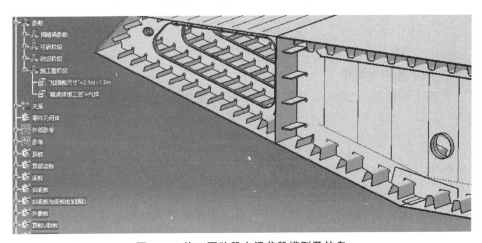

图 6-84　施工图阶段主梁节段模型及信息

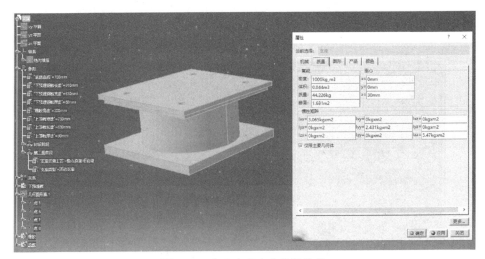

图 6-85　支座应变应力参数信息

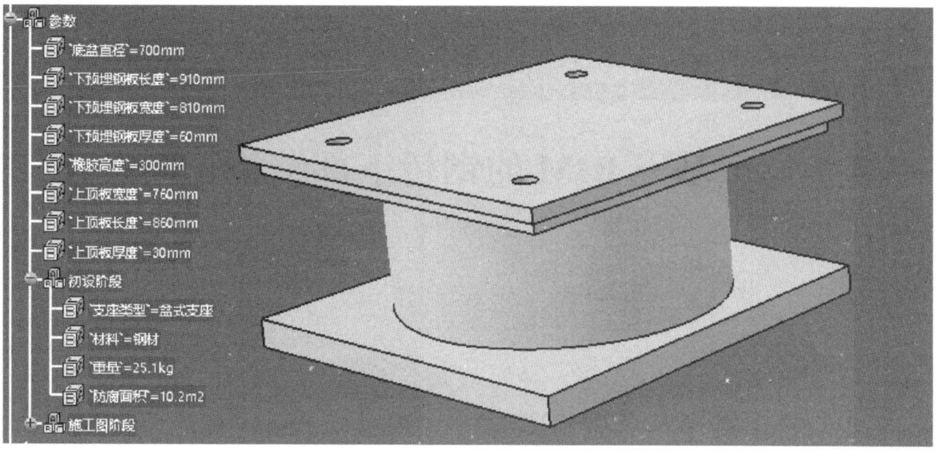

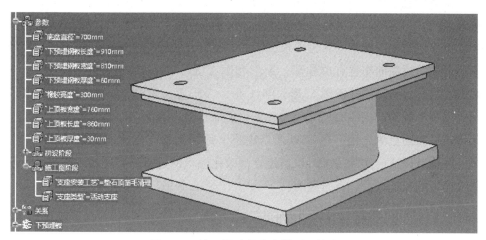

图 6-86 初设阶段支座模型及信息

图 6-87 施工图阶段支座模型及信息

第7章 基于BIM的钢桥下部结构正向设计

7.1 塔标准节段信息化建模

索塔是悬索桥或斜拉桥支承主缆的塔形构造物,塔高与桥梁主跨有关,主梁的最大跨度与索塔高度的比一般取3.1~6.3,平均在5.0左右。索塔结构有多种类型,主要根据拉索的布置要求、桥面宽度以及主梁跨度等因素选用。常用的索塔形式沿桥纵向布置有单柱形、A形和倒Y形,沿桥横向布置有单柱形、双柱形、门式、斜腿门式、倒V形、倒Y形、A形等。索塔横截面根据设计要求可采用实心截面,当截面尺寸较大时采用工形或箱形截面,而对于大跨度斜拉桥采用箱形截面更为合理。在BIM模型中将下部结构整体做成模板,可自动调节桩、墩长度以适应实际需求,虽然建立参数化模板的过程需要花费时间,但后期修改模板的速度较快,省时省力。

7.1.1 索塔横隔板信息化建模

索塔各阶段信息输入见表7-1。

索塔各阶段信息输入　　　　　　　　　　　表7-1

项目要素		可研阶段	初设阶段	施工图阶段
几何信息	一般几何信息	尺寸	—	
	定位几何信息	位置	间距	
非几何信息	一般非几何信息	—	类型、材料、强度	
	材料拓展非几何信息	—	1. 弹性模量、剪切模量等; 2. 抗拉压抗弯强度、抗剪强度、端面承压强度等; 3. 最大拉应力、最大压应力、最大疲劳应力幅等	—
	计量非几何信息	—	重量、防腐面积	
	施工拓展非几何信息	—	—	焊接方法、焊条型号、焊缝类型、焊缝质量等级

索塔横隔板具有共性,首先考虑使用设计表及快速多实例化来实现快速建

模。前期设计表需定义更多参数，快速得到相似实体，快速多实例化能快速生成多个相同实例，但改变参数需手动调整，重复性工作过多。

理论上，两种方式结合，先采用设计表定义多种截面类型，再通过快速多实例化生成多个实体，选中设计表中对应编号，可实现多个相似实例快速生成，如图7-1所示。

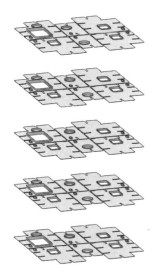

图 7-1　理想实例化模型

但对比发现，快速多实例化得到的多个实例存在着链接关系，会出现一改都改的连锁情况。通过这种方式使用实例化，只能使用复制→选择性粘贴断开链接，再去更改类型，才可以达到快速设计的目的（需要在产品处选择性粘贴）。如图7-2所示。

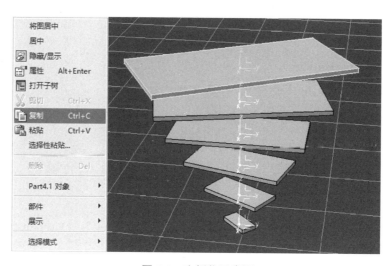

图 7-2　实例化示意图

结合知识工程专家，将横隔板参数放入 Excel 表格中，使用 CellAsReal 函数将数据连接模型，具体代码如下：

创建参考点线面代码如下：

```
let i(integer)
let Le(integer)
let f(ChordPoint)
/* 自动判断曲线方向 */
let pt(point)
```

```
let Le1(length)
let len(length)
let Bo(Boolean)
pt=pointoncurve('InputElement\Curve',' InputElement\InitPoint',
10mm,true)
len=distance(pt,'InputElement\Curve')
if len==0mm
{
    Le1='Le'
}
else
{
    Le1=-'Le'
}
/*自动获取阵列数量*/
let len1(length)
let PtNumber(integer)
PtNumber=length('InputElement\Curve')/'Le'
'关系\KP_ChordLengthPoint\PointsList'->AddItem('InputElement\Init-
Point',1)
i=1
for i while i<=PtNumber
{
    f=CreateOrModifyTemplate("Autocatalog|ChordPoint",'OutPointsSet','关
系\KP_ChordLengthPoint\PointsList',i+1)
    /*用户输入条件*/
    f.Pt_Curve ='InputElement\Curve'
    /*点与点需要不断的替换*/
    f.Pt_InitPoint='关系\KP_ChordLengthPoint\PointsList'->GetItem(i)
    /*用户自定义弦长长度*/
    f.ChordPoint_Length=Le1
    EndModifyTemplate(f)
    f.Name="Point_"+ToString(i)
    i=i+1
}
```

创建实例代码如下：

```
/*变量声明*/
let i(integer)
let f(feature)

i=1
for i while i<='关系\KP_ChordLengthPoint\PointsList\尺寸'
{
  f=InstantiateTemplate("Autocatalog|UDF_Ball",'OutBallSet')
  f->SetAttributeObject("Point",'关系\KP_ChordLengthPoint\PointsList'->GetItem(i))
  f->SetAttributeDimension("Ball_Radius",1cm,"Length")
  EndModifyTemplate(f)
  f.Name="Ball_"+ToString(i)
  i=i+1
}
```

索塔横隔板自动更新如图 7-3 所示。

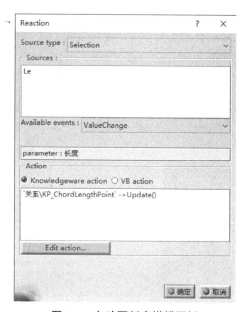

图 7-3　自动更新索塔横隔板

7.1.2　塔身轮廓信息化建模

塔身侧立面如图 7-4 所示。

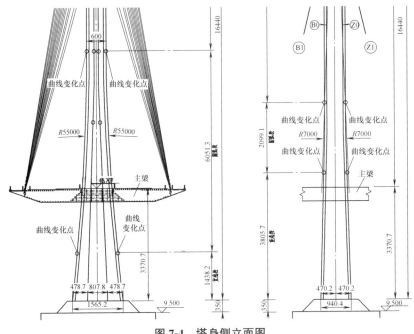

图 7-4 塔身侧立面图

塔身圆曲线部分，正面与侧面起终点不在同一高程，可参照道路中心线中的平曲线加竖曲线绘制。首先在 xz 平面绘制一条轮廓线，约束底部直线角度，添加公式为：atan（0.1087）；中部绘制圆弧，半径为 560000mm；顶部为直线，约束长度。如图 7-5 所示。

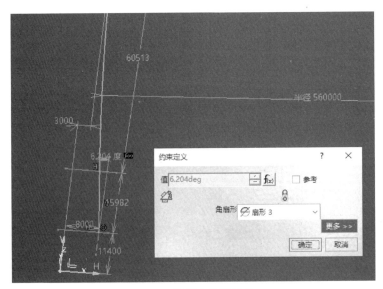

图 7-5 绘制曲线投影线

退出工作台，在 yz 平面绘制另外一条轮廓线。如图 7-6 所示。

点击形状→创成式外形设计，点击 （拉伸）按钮，选择轮廓线，添加拉伸方向，输入拉伸长度，勾选镜像范围。如图 7-7 所示。

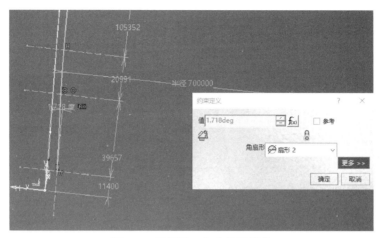

图 7-6 绘制另一条曲线投影线

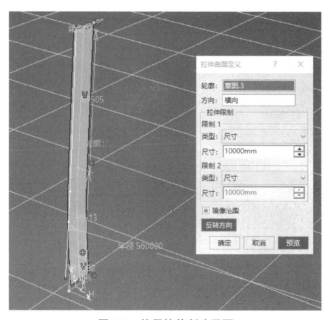

图 7-7 使用拉伸创建平面

同理拉伸另外一条曲线，得到两个拉伸面，使用 命令选中两曲面，就能得到一条准确的主塔轮廓边线（见图 7-8），通过厚曲面也可以将拉伸形成的曲面形成实例。

7.1.3 变截面塔身信息化建模

根据上面生成的塔身曲线，绘制主塔变截面塔段，打开创成式外形设计，点击桥接命令，选择两条线，点击确定，完成曲面绘制。如图 7-9 所示。

将完成桥接的曲面先隐藏起来，否则第二次使用边线时不能选择整条边线。也可通过分割命令，利用塔身曲线分割多余曲面。如图 7-10 所示。

图 7-8　两平面相交得到塔身曲线

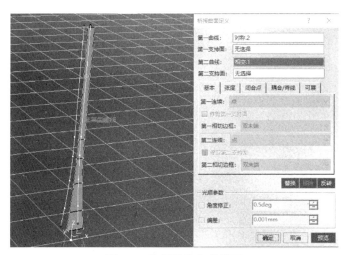

图 7-9　使用桥接生成曲面

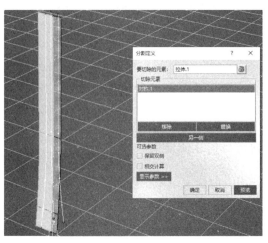

图 7-10　使用分割命令分割曲面

通过定义厚曲面，可生成主塔外壳模型，通过创建平面分割成塔段即可。如图 7-11 所示。

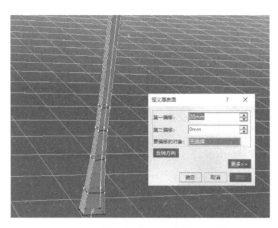

图 7-11 使用厚曲面生成塔身实体

实际上，钢塔节段以直代曲，便于生产和安装。因此需要在得到塔身曲线之后，根据需要划分节段，得到外轮廓数据，再根据两个外轮廓使用多截面包络体功能得到外轮廓实体，在内部绘制加劲肋、腹板等得到整个塔段。

7.1.4 主塔节段信息化建模

直线段主塔可将节段做成模板，然后将节段使用文档模板重复使用。圆弧段根据加劲板信息，做成参数化模板，便于得到多个类似索塔节段，减少建模工作量。如图 7-12 所示。

图 7-12 圆弧段节段

7.1.5 主塔节段预留孔建模

将通过骨架线中知识工程阵列得到的斜拉索直线复制粘贴到主塔节段中，使用扫掠曲面定义（见图7-13），选择子类型为圆心和半径，如果不能生成扫掠截面，则调整移除预览中的刀具百分比。

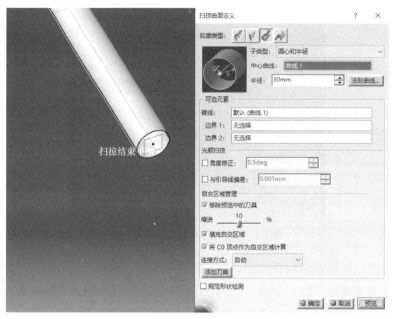

图 7-13　扫掠形成分割曲面

隔离该扫掠形成的曲面，当相交的索塔模型建好后，使用分割命令，再将曲面隐藏，即可得到主塔节段预留孔。如图7-14所示。

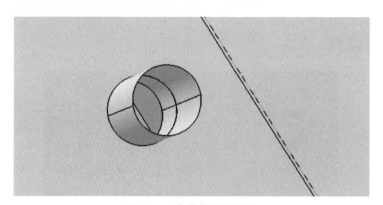

图 7-14　索塔节段预留孔

7.2　墩柱信息化建模

墩柱是用于承载上部结构物的下部承重物，墩柱截面多为圆形，也有椭圆形、方形、曲线形、抛物线形等异形墩柱。在公路桥、铁路桥、人行道等桥梁、立交桥、匝道桥、天桥等工程中是重要的结构组成部分，其各设计阶段信息化需求见表7-2。

墩柱各阶段信息输入　　　　　　　　表 7-2

项目要素		可研阶段	初设阶段	施工图阶段
几何信息	一般几何信息	尺寸	—	—
	定位几何信息	位置	—	—
非几何信息	一般非几何信息	—	类型、材料、强度	钢筋排布规则
	材料拓展非几何信息	—	1. 弹性模量、剪切模量等；2. 抗拉压抗弯强度；3. 最大压应力、最大疲劳应力幅等	屈服强度、抗性强度、伸长率、冷弯性能
	计量非几何信息	—	重量	钢筋数量
	施工拓展非几何信息	—	—	施工工艺、注意事项

1. 可研阶段建模

可研阶段桥梁墩柱可采用绘制一个矩形草图轮廓，添加墩柱的长度、宽度、高度参数，通过凸台生成墩柱实体。

2. 初设阶段建模

初设阶段需要丰富墩柱截面轮廓形状及尺寸等一般几何信息，添加墩柱材料、强度等级、浇筑方式等一般非几何信息，绘制方法如图 7-15 所示。绘制墩柱截面轮廓时，同时选择轮廓顶点，点击倒角，输入长度，快速生成多个倒角，提高建模的效率，减少重复性工作，在 CATIA 中大多可以同时选中进行修改。

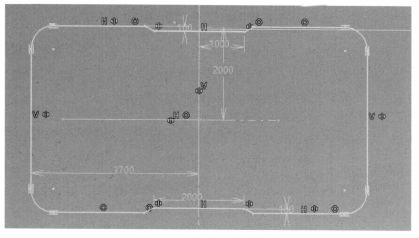

图 7-15　绘制墩柱截面轮廓

将墩柱截面轮廓测量值关联到已定义的参数，通过参数控制墩柱截面轮廓及长度。如何在实体墩柱中添加空心，并在空心中添加实体的操作步骤如下。

使用偏移平面命令（见图 7-16），定义空心中间平面，在平面上绘制空心轮廓，利用凹槽命令，输入凹槽范围，勾选镜像范围，将实体显示模式调整为含边线和隐藏边线着色模式（见图7-17），以利于对空心部分进行操作。

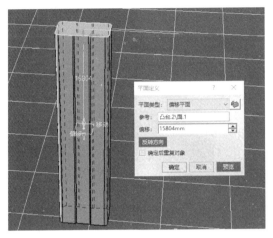

图7-16 使用偏移平面

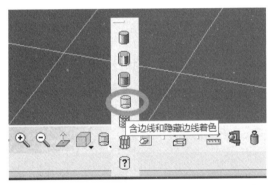

图7-17 调整显示模式为含边线和隐藏边线着色

点击倒角命令，选择凹槽的八个顶点，添加倒角长度。继续绘制填充混凝土部分，由于CATIA中在同一几何体下相交构件会自动合并，可新建一个几何体来解决这个问题（见图7-18），其余操作如上所示。

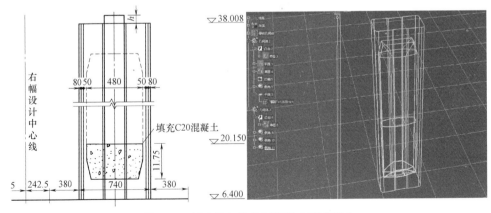

图7-18 新建几何体绘制混凝土填充部分

镜像过程同样也只可在各自集合体中实现。如图 7-19 所示。

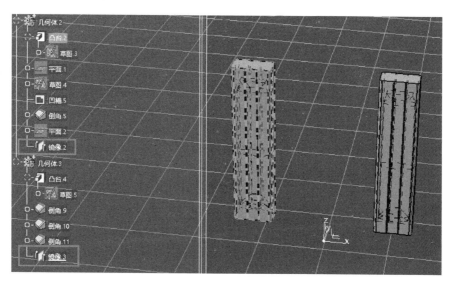

图 7-19 使用镜像得到对称墩柱

3. 施工图阶段建模

在墩柱属性处，添加施工流程等拓展非几何信息，添加钢筋排布规则、钢筋数量等信息，完成施工图阶段建模。

4. 出图阶段建模

从模型里直接切出下部结构生成的图纸是与模型文件相互关联的，在模型修改的同时图纸相应修改并关联。

基于下部结构切出主体轮廓，使用 2D 线样式、填充样式、文字注释等加以说明。如果模型修改，则主体轮廓会相应改变，但后期的 2D 图纸需要手动调整以保证和模型一致。

墩柱出图尺寸标注如图 7-20 所示；墩柱详图如图 7-21 所示。

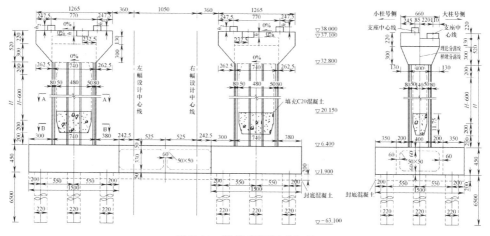

图 7-20 墩柱出图尺寸标注

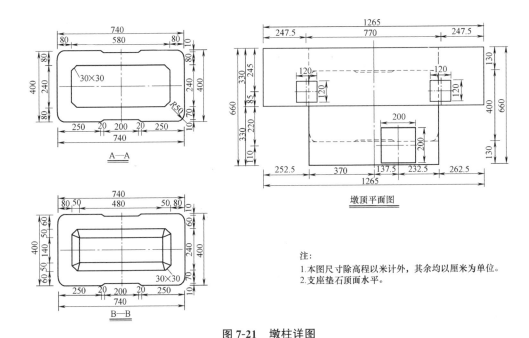

图 7-21 墩柱详图

7.3 承台信息化建模

承台是桩与柱或墩的联系部分，承台将几根、甚至十几根桩联系在一起形成桩基础。近年来由于大直径钻孔灌注桩的采用，桩的刚度、强度都较大，因而高桩承台在桥梁基础工程中已得到广泛采用。承台各设计阶段信息化建模内容见表7-3。

承台各阶段信息输入　　　　　　　　表 7-3

项目要素		可研阶段	初设阶段	施工图阶段
几何信息	一般几何信息	尺寸	—	—
	定位几何信息	位置	—	—
非几何信息	一般非几何信息	—	类型、材料、强度	钢筋排布规则
	材料拓展非几何信息	—	1. 弹性模量、剪切模量等；2. 抗拉压抗弯强度；3. 最大压应力、最大疲劳应力幅等	屈服强度、抗拉强度、伸长率、冷弯性能
	计量非几何信息	—	重量、防腐面积	钢筋数量
	施工拓展非几何信息	—	—	施工工艺、注意事项

1. 可研阶段建模

可研阶段桥梁承台可以绘制一个矩形轮廓，添加承台的长度、宽度、高度参数，通过凸台生成承台实体。

2. 初设阶段建模

初设阶段需要丰富承台截面轮廓形状及尺寸等一般几何信息，添加承台材料、强度等级、浇筑方式等一般非几何信息，以下是绘制方法。钢箱梁斜拉桥中，承台数量较少，尺寸大多相同，建模过程容易，这里介绍模型中空的创建方法。首先绘制承台截面轮廓，通过凸台生成承台实体（见图 7-22）。

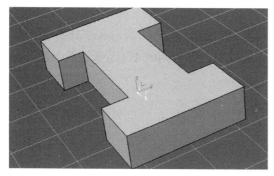

图 7-22 绘制承台实体

选中 yz 平面，绘制空心轮廓，利用定义倒角功能，选择需要倒角的边线，输入倒角长度。如图 7-23 所示。

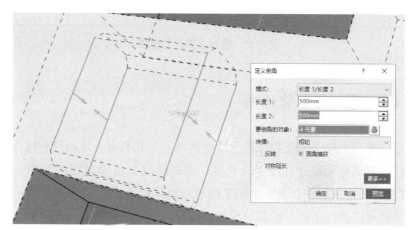

图 7-23 批量选择线条进行倒角

通过镜像得到承台模型，如图 7-24 所示。

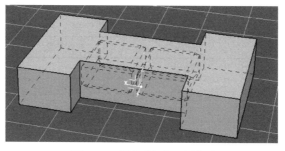

图 7-24 镜像得到承台模型

3. 施工图阶段建模

在承台属性处，添加施工流程等拓展非几何信息。

4. 出图阶段操作

从模型里直接切出基于承台生成的图纸是与模型文件相互关联的，在模型修改的同时图纸相应修改并关联。

承台模型切出主体轮廓,使用 2D 线样式、填充样式、文字注释等加以说明。如果模型修改,则主体轮廓会相应改变,但后期的 2D 图纸需要手动调整以保证和模型一致。

承台出图尺寸标注如图 7-25 所示。

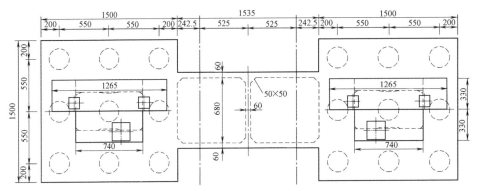

图 7-25 承台出图尺寸标注

7.4 桩基础信息化建模

桩是将建筑物的全部或部分荷载传递给地基土并具有一定刚度和抗弯能力的传力构件,其横截面尺寸远小于其长度。而桩基础是由埋设在地基中的多根桩(称为桩群)和把桩群联合起来共同工作的桩台(称为承台)两部分组成。桩基础的作用是将荷载传至地下较深处承载性能好的土层,以满足承载力和沉降的要求。桩基础的承载能力高,既能承受竖直荷载,也能承受水平荷载,既能抵抗上拔荷载,也能承受振动荷载,是应用最广泛的深基础形式。各设计阶段桩基础的信息化建模内容见表 7-4。

桩基础各阶段信息输入 表 7-4

项目要素		可研阶段	初设阶段	施工图阶段
几何信息	一般几何信息	尺寸	—	—
	定位几何信息	位置	—	—
非几何信息	一般非几何信息	—	类型、材料、强度	钢筋排布规则
	材料拓展非几何信息	—	1. 弹性模量、剪切模量等; 2. 抗拉压抗弯强度、抗剪强度、端面承压强度等; 3. 最大压应力、最大疲劳应力幅等	屈服强度、抗性强度、伸长率、冷弯性能
	计量非几何信息	—	重量、防腐面积	钢筋数量
	施工拓展非几何信息	—	—	施工工艺、注意事项

1. 可研阶段建模

由于辅助墩桩、过渡墩桩直径相同，仅长度不同，可以添加长度、半径参数便于修改桩长度，添加材料、强度等级、施工流程等属性参数，仅需建一个桩模型（见图 7-26），将模型导入装配文件多实例化即可完成建模。

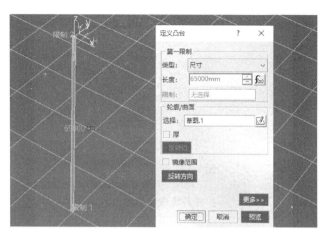

图 7-26　绘制桩模型

2. 初设阶段建模

初设阶段需选择桩基础的类型，添加构件的材料、强度信息。设计钢筋的排布规则，添加钢筋型号、数量等信息。

3. 施工图阶段建模

施工图阶段需要添加桩基础的施工流程、工艺等施工拓展非几何信息。

7.5　护栏信息化建模

桥梁防撞护栏是放置在桥上的护栏，其目的是防止失控的车辆驶出桥梁。桥梁护栏形式的选择应首先根据道路等级确定防撞水平，综合考虑其安全性、协调性、受保护对象的特点和场地几何形状，然后根据其结构、经济性、施工和保养等因素进行选择。嵌入方法包括三种类型：立柱直接嵌入、法兰连接、桥护栏和桥面板通过力传递钢铸造成一体。当条件允许时，可以使用可拆卸护栏（见图 7-27）。

有许多方法可以划分桥梁护栏的类型。除了根据设置位置进行划分外，还可以根据结构特点和防撞性能进行划分。根据设置位置，可分为桥侧护栏、带护栏的桥中央分隔栏及人行道和车行道边界护栏；根据结构特点，可分为梁柱（金属和混凝土）护栏、钢筋混凝土墙式膨胀护栏和组合护栏；根据防撞性能，可分为刚性护栏、半刚性护栏和柔性护栏。常用的护栏是混凝土护栏、波纹梁护栏和电缆护栏。护栏各设计阶段信息化建模内容见表 7-5。

图 7-27 可拆卸护栏

护栏各阶段信息输入 表 7-5

	项目要素	可研阶段	初设阶段	施工图阶段
几何信息	一般几何信息	—	尺寸	—
	定位几何信息	—	位置、间距	—
非几何信息	一般非几何信息	—	类型、材料、强度	—
	材料拓展非几何信息	—	1. 弹性模量、剪切模量等； 2. 抗拉压抗弯强度、抗剪强度、端面承压强度等	—
	计量非几何信息	—	重量、防腐面积	—
	施工拓展非几何信息	—	—	焊接方法、焊条型号、焊缝类型、焊缝质量等级

1. 初设阶段建模

防撞护栏是桥梁工程中的附属结构，在初设阶段，考虑构件较多，扶手栏杆模型涵盖的信息不用太精确，建立含参模型即可。部分设计护栏模型简单，主要特点是长，考虑按节段划分建模，与主梁节段位置划分同步，按位置摆放即可。绘制防撞护栏截面轮廓，关联防撞护栏尺寸参数。如图 7-28 所示。

使用凸台命令，选择凸台方向线，生成防撞护栏节段实体。如图 7-29 所示。

2. 施工图阶段建模

施工图阶段需要将模型信息深化到最详细的程度，包括栏杆花纹、铸石上雕刻的图案及文字信息等。对于铸石图案上的非几何信息，信息化过程较为复杂，会降低建模效率，可在出图时套用图纸模板，不需要在模型中体现，根据需要确定是否建立。

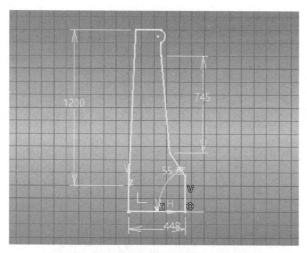

图 7-28 绘制防撞护栏截面轮廓

图 7-29 生成防撞护栏实例模型

7.6 小结

下部结构按上述方式及流程创建模型、输入几何参数信息和非几何参数信息，可得各设计阶段的模型如图 7-30、图 7-31 所示。

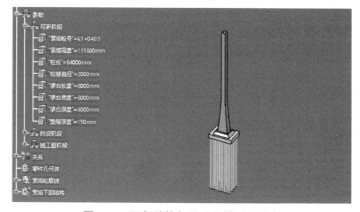

图 7-30 下部结构初设阶段模型及信息

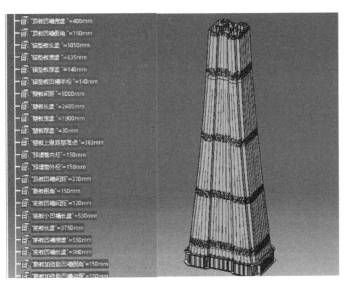

图 7-31　索塔初设阶段模型及信息

伸缩缝按以上方式创建模型、输入几何参数信息和非几何参数信息，施工图阶段得到的模型如图 7-32 所示。

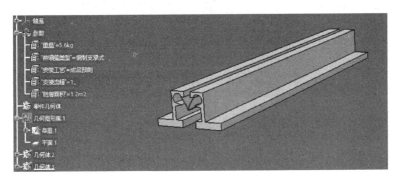

图 7-32　伸缩缝施工图阶段模型及信息

护栏按以上方式创建模型、输入几何参数信息和非几何参数信息，根据设计不同阶段得到的模型如图 7-33～图 7-35 所示。

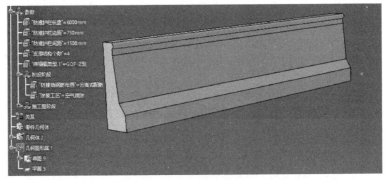

图 7-33　防撞护栏初设阶段模型及信息

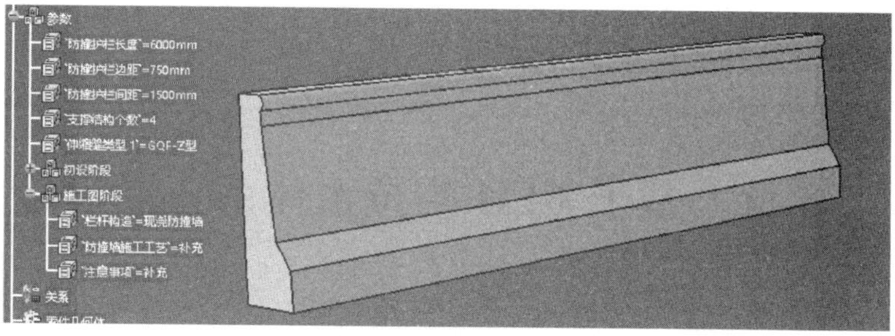

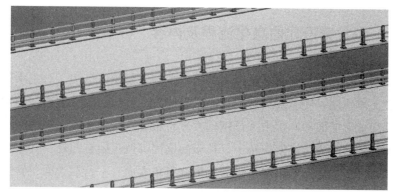

图 7-34 防撞护栏施工图阶段模型及信息

图 7-35 可拆卸护栏初设阶段模型

第 8 章 基于 BIM 的拉索体系正向设计

8.1 斜拉索设计信息化流程及内容

斜拉索是把主梁及桥面重量传递到塔架上的主要受力结构，对主梁提供了中间的弹性支承作用，使主梁具有很强的跨越能力。斜拉桥的拉索通常为钢索，其形式按其组成方法而不同，由平行钢丝、平行钢缆、单根钢缆、钢丝绳、封闭式钢索或实体钢筋组成。在斜拉桥中，拉索的锚固部位主要有两处：其一端在主梁上，另一端在塔体上。常用斜拉索布置形式有单索面、平行双索面、斜索面等。

8.1.1 拉索骨架线建立

在斜拉索的正向设计中需根据设计规则去创建拉索的设计，将设计规则放进 CATIA 的规则中，只需给出第一对定位点，设置拉索端点在纵向、横向上的分布间距，就可得到斜拉索的骨架线。斜拉索按照索布置的疏密程度来分，有密索型布置和稀索型布置；按照索面内索两端的连接情况来分，有辐射形索面、竖琴形索面和扇形索面。斜拉索横桥向的布置按照塔、梁、索之间的连接及支承方式不同，桥面宽度不同，索塔和主梁的形式不同，拉索索面在空间可布置成单索面、双索面或多索面。而双索面又可分为竖直双索面和倾斜双索面。以下演示通过 Excel 表格计算点位坐标，再通过表格导入 CATIA 内生成斜拉索骨架线的方式。

（1）点击文件→新建，找到 part 点击确定。

（2）在 CATIA 的安装路径下找到名为 command 的文件夹（例如安装盘：\Dassault Systemes\B21\win_b64\code\command），找到名为 GSD_Point SplineLoftFromExcel.xls 的文件（为了防止损坏该软件系统的文件，可将该文件拷贝到桌面或其他位置，或者不保存该文件）。

（3）打开 GSD_PointSplineLoftFromExcel.xls，添加坐标点数据，每一行代表一个点的 x、y、z 坐标，每一对开始和结束中间表示一条线。如图 8-1 所示。

点击宏，进入到宏的对话框。选择最下面的 Feuil1.Main 选项，并点击执行。如图 8-2 所示。

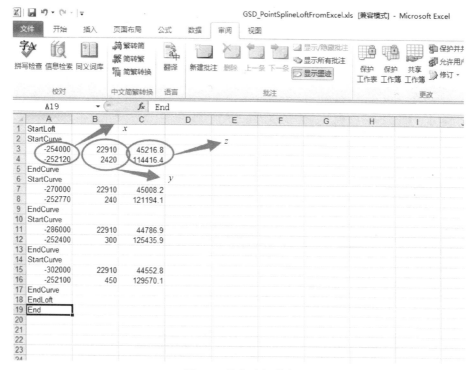

图 8-1 输入坐标信息

图 8-2 运行宏

进入后会弹出 User Info（见图 8-3），可以在输入框输入 1、2、3，输入 1 则将点导入 CATIA 零件内；输入 2 则将点和点连成的样条线一起导入 CATIA 零件内；输入 3 则将点、点连成的样条线、样条线连成的多截面曲面依次导入 CATIA 零件内。通过这三种模式生成的元素，会自动生成集合图形集并保存。StartLoft 表示面开始。StartCurve 表示曲线开始，EndCurve 表示曲线终止。本建模过程选择 2，直接生成直线，当超过两个点时会生成曲线，超过两条线时会生成曲面。

点击执行后，光标会从每一个单元格上闪过，读取单元格内的数据。点开

CATIA 界面，样条线会自动生成，如图 8-4 所示。

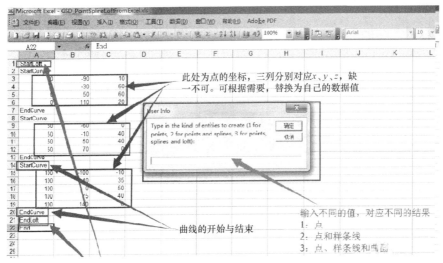

图 8-3 详细说明

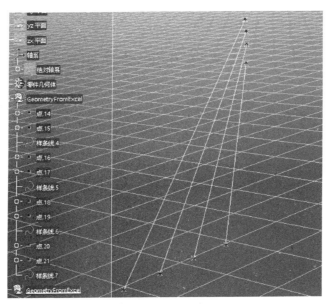

图 8-4 自动生成斜拉索

此方式生成点线适用于拉索中心线、多线段、点坐标导入等情况，需根据已有坐标创建。

8.1.2 拉索信息化建模

拉索各阶段信息输入见表 8-1。

1. 可研阶段

拉索建模使用 Excel 表格及制作知识工程模板—用户特征的方式，先将拉索塔端及梁端端点坐标整理出，再将坐标复制到 GSD_PointSplineLoftFromExcel

中，通过宏运行直接生成样条线模型。拉索实际由多束钢丝组成，此处演示拉索外圈建模过程，实际仅在此基础上使用插件，通过阵列得到。首先绘制一条线，以一端顶点为中心绘制一个平面，基于平面使用定位草图画一个圆。如图8-5所示。

拉索各阶段信息输入　　　　　　　　　　　　　表8-1

项目要素		可研阶段	初设阶段	施工图阶段
几何信息	一般几何信息	尺寸	—	—
	定位几何信息	位置、间距	—	—
非几何信息	一般非几何信息	—	类型、材料、强度	—
	材料拓展非几何信息	—	1. 弹性模量、剪切模量等； 2. 抗拉压抗弯强度、抗剪强度、端面承压强度等； 3. 最大拉应力、最大疲劳应力幅等	—
	计量非几何信息	—	重量、防腐面积	—
	施工拓展非几何信息	—	—	安装工艺

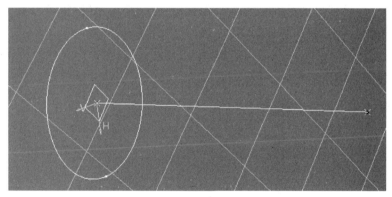

图8-5　绘制拉索轮廓线

点击开始→形状→自由式创成设计，点击 ✏ （扫掠）按钮，生成扫掠轮廓，再点击 ▱ （厚曲面）按钮，生成拉索外轮廓。如图8-6所示。

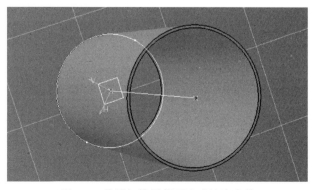

图8-6　使用扫掠厚曲面生成拉索实体

点击知识工程模板—用户特征，依次点击有序几何图形集、扫掠、草图，生成用户特征模板。

2. 初设阶段

在初设阶段需对斜拉索的精细化程度进一步加深，将外索套包含的结构层次进行丰富，将索内包含的高强钢丝根数、钢丝截面半径、钢丝长度的信息化程度进一步加深。斜拉索截面如图 8-7 所示。

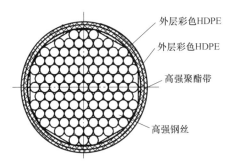

图 8-7 斜拉索截面

此外，还需将每根钢丝的材料、类型、抗拉强度等参数关联到模型。拉索材料技术指标见表 8-2。

拉索材料技术指标　　　　表 8-2

序号	项目	技术指标
1	公称直径	$\phi 7.00(\pm 0.07)$mm
2	不圆度	≤0.04mm
3	横截面积	38.5mm^2
4	抗拉强度	≥1670MPa
5	屈服强度	≥1410MPa
6	伸长率	≥4.0%（L_0=250mm）
7	弹性模量	$(1.90\sim2.10)\times10^5$MPa
8	反复弯曲	≥5 次（R=20mm,180°）
9	矢高	≤30mm（弦长 1m）
10	硫酸铜试验	≥4 次（每次 1min）
11	翘高	≤150mm（长 5m）
12	疲劳应力幅	360MPa（上限应力 $0.45\sigma_b$,N=2×10^6 次）
13	松弛性能	≤2.5%（$0.7\sigma_b$,1000h,20℃）
14	锌层附着性	5d×8 圈,不起层,不剥离（d 为钢丝直径）

使用阵列命令可快速生成多束钢丝，目前只能使用插件实现蜂巢式快速阵列，软件自带环形阵列功能不满足要求。

3. 施工图阶段

在施工图阶段，需要将斜拉索的装配过程等非几何信息输入到模型中，检查模型涵盖信息是否完整。拉索装配流程如图 8-8 所示。

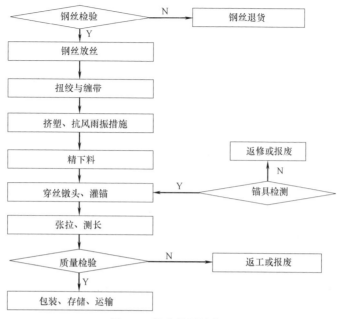

图 8-8 拉索装配流程图

8.2 钢锚箱信息化建模

钢锚箱各阶段信息输入见表 8-3。

钢锚箱各阶段信息输入　　　　　表 8-3

	项目要素	可研阶段	初设阶段	施工图阶段
几何信息	一般几何信息	—	尺寸	—
	定位几何信息	—	位置、间距	—
非几何信息	一般非几何信息	—	类型、材料、强度	—
	材料拓展非几何信息	—	1. 弹性模量、剪切模量等； 2. 抗拉压抗弯强度、抗剪强度、端面承压强度等； 3. 最大压应力、最大疲劳应力幅等	—
	计量非几何信息	—	重量、防腐面积	—
	施工拓展非几何信息	—	—	焊接方法、焊条型号、焊缝类型、焊缝质量等级

拉索索塔锚固区是斜拉桥受力的关键部位，是承受索力的主要构件，斜拉索的局部应力将通过钢锚箱均匀地传递到侧拉板和混凝土索塔中去，使斜拉索和锚固区组合成整体结构。拉索钢锚箱的结构形式与以下因素有关：拉索的布置形式、拉索的数量和样式、索塔的形状和构造方式以及拉索的牵引和张拉方式等，

故在确定拉索锚固区的合理构造时应从前期的设计、施工到投入运营后拉索的更换和对钢锚箱的养护维修等各个阶段来考虑。

斜拉桥拉索锚固区节段主要包括以下构件：

(1) 锚固区节段墙身

一般为钢筋混凝土墙体或是型钢墙体。

(2) 预应力钢筋

当塔柱为钢混结构时，需要在锚固区的塔壁内设置一定数量的预应力钢束来抵抗拉索的水平分力，加强塔身抗水平拉力的能力。

(3) 锚具

应用较多的锚具有热铸锚、冷铸锚、镦头锚和夹片式群锚，也可采用经过耐疲劳处理及强度试验证明其可靠性的其他锚具。前三种锚具称为拉锚式锚具，因为它们都可以在张拉前先安装在拉索上。夹片式群锚又称为拉丝式锚具，因为夹片式群锚的拉索在张拉时是将千斤顶直接作用于需要张拉的钢索上，锚具在张拉结束后才发挥作用。拉索锚具应方便张拉和换索，锚具表面也应做防护处理，如镀锌、涂防锈涂料等。

1. 初设阶段

在设计中，经常会出现类似共性设计，只在装配位置有些不同，但都是基于点、线、面可以放置。此时可通过知识工程模板—用户特征实现以上功能，仅需创建一个模板即可，输入类似定位要素，便可实现实例化。使用知识工程模板—用户特征，首先要确定在使用模板的地方定位线、定位点有几个，所有的定位条件能否将构件固定。在建模过程中，需要根据拉索中心线、主梁中心线、拉索中心线的梁部端点三个元素定位。故在建模时，只能以这三个点线为基础进行建模，将文件默认的平面、坐标轴隐藏（见图8-9），才能保证用户特征模板正确建模并使用。

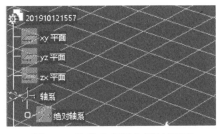

图 8-9　隐藏坐标轴与默认平面

输入点坐标，绘制两条直线。由于锚腹板顶端平行于主梁中心线，故在绘制直线时，相对位置有一定要求，否则会出现锚腹板消失的情况。这里可以提一组拉索中心线的梁部端点、主梁中心线段数据来绘制基础定位线（见图8-10），这样能保证建模角度与实际角度相差不大，不易出现错误。

分别创建通过曲线（曲面）的法线绘制两平面、通过平面与线相交生成平行点、通过点与直线生成平面，如图8-11所示。创建直线、射线还是线段需建模时自行判断。

然后开始绘制构件草图轮廓，新建参数。绘制构件草图时需使用定位草图，设置平面支持面、原点、方向，否则创建的凸台没有方向。定位草图的使用方式如图 8-12 所示。

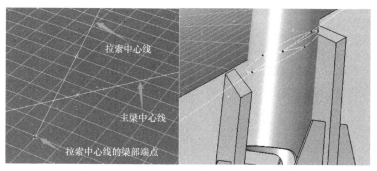

图 8-10　创建参考线

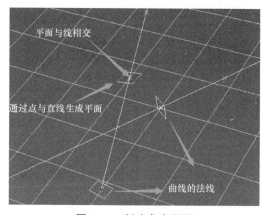

图 8-11　创建参考平面

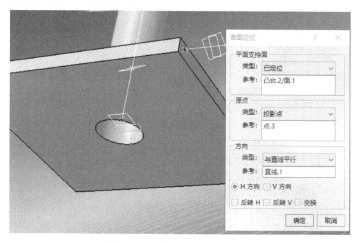

图 8-12　使用定位草图定位

利用相交命令将圆柱与平面相交得到一个椭圆轮廓线,其所在平面为锚腹板顶端的顶端平面。如图 8-13 所示。

使用知识工程模板—用户特征命令,从上至下点击实体凸台添加到选定部件中,依次点击通过初始点线生成的平面、线(包括相交线),在没有特殊情况下,部件输入处的元素就是初始设置的点线,使用"逆推"方法可以提高用户特征建模的准确率。如图 8-14 所示。

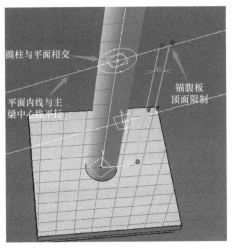

图 8-13 绘制锚腹板截面轮廓

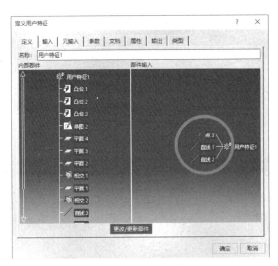

图 8-14 定义用户部件特征

在参数栏中双击需要发布的参数,勾选已发布点击确定,即可在引用的知识工程模板中调整参数。如图 8-15 所示。

当需要修改用户特征模板的参数时,只修改模板内加入的参数,如修改其他的参数,并不会同步到引用用户特征的零件中,故在创建用户特征模板时,需提前考虑可能会修改的参数,将所有变量参数化,或选择全部参数化,避免因设计更变导致用户特征模板的改变。

2. 施工图阶段

对于钢锚箱整体,在施工图阶段需要在模型中添加焊接工艺、焊缝等级、装配过程等非几何信息参数。

图 8-15 发布模板控制参数

8.3 钢锚梁信息化建模

钢锚梁各阶段信息输入见表 8-4。

钢锚梁各阶段信息输入　　　　表 8-4

项目要素		可研阶段	初设阶段	施工图阶段
几何信息	一般几何信息	—	尺寸	—
	定位几何信息	—	位置、间距	—
非几何信息	一般非几何信息	—	类型、材料、强度	—
	材料拓展非几何信息	—	1. 弹性模量、剪切模量等； 2. 抗拉压抗弯强度、抗剪强度、端面承压强度等； 3. 最大压应力、最大疲劳应力幅等	—
	计量非几何信息	—	重量、防腐面积	
	施工拓展非几何信息	—	—	焊接方法、焊条型号、焊缝类型、焊缝质量等级

钢锚梁为箱形结构，由侧面拉板、端部承压板、腹板、锚板、锚垫板、横隔板、连接板、加劲肋等构件组成（见图 8-16）。这种锚固方式的主要受力特点是：两侧斜拉索的大部分水平分力通过锚箱的侧面拉板来平衡，部分水平分力由塔柱承受，即使不考虑混凝土塔柱共同作用，钢锚梁自身也可以承受斜拉索的全部水平分力；斜拉索竖向分力主要通过锚梁端部的剪力钉传递到塔柱中。

钢锚梁在制作参数化模板的过程中，由于内部板件较多，涉及以下技术问题：

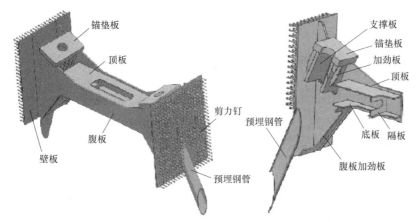

图 8-16 钢锚梁三维模型

(1) 对于较多部件,结构树的管理(见图 8-17);
(2) 预埋管如何穿透壁板且跟随拉索方向的变化而变化;
(3) 如何使钢锚梁腹板自动跟随拉索方向的变化而变化。

在绘图过程中需要用到参考点、线、面,以及绘制轮廓产生的线条、约束,还有利用创成式外形设计产生的相交线、投影线等,对应的所属分类建议如下:

(1) 参考点、线、面等参考元素→几何图形集;
(2) 截面轮廓等轮廓线条→几何体;
(3) 凸台、凹槽等实体→几何体;
(4) 相交线、投影线、扫掠等组合形成的点线面→几何图形集。

板件轮廓在生成凸台、凹槽等实体后会自动隐藏,而参考平面等放入几何图形集,可以在后期一次隐藏。下面演示模型建立与参数赋予过程。

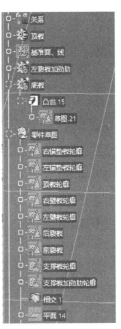

图 8-17 结构树分类

(1) 绘制基准点、线、面:以原点为基准点通过坐标绘制锚固点(在正向设计中,塔端锚固点与梁端锚固点坐标可以得出,通过 Excel 得到两锚固点的相对坐标,在制作模板时可以先预设一个参数,使用时改动即可),关联两坐标相对间距参数,连接两锚固点形成拉索中心线。通过曲线的法线生成锚垫板所在的平面,再通过创成式外形设计中的投影将拉索中心线投影到 xy 平面上。如图 8-18 所示。如果钢锚梁两侧对称,则可选择点线对称,以减少参数化工作量。

通过偏移平面,得到顶板顶面的平面位置,关联顶板距离参数,实现控制顶板位置的功能。如图 8-19 所示。

(2) 绘制顶板:通过定位草图绘制顶板截面轮廓(见图 8-20),关联顶板长度、顶板宽度、顶板厚度、顶板凹槽长度、顶板凹槽宽度、顶板凹槽倒角、顶板凹槽间距参数，可以通过设置点线对称来避免定义凹槽与顶板的位置关系参数，从而减少工作量。

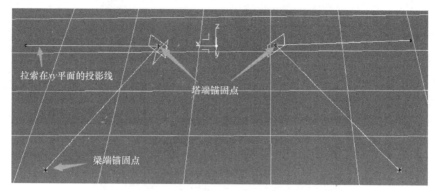

图 8-18　绘制基准点、线、面

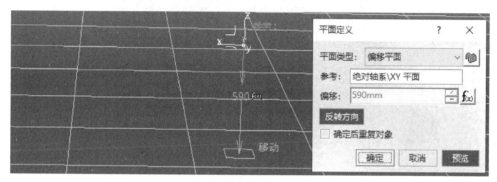

图 8-19　通过偏移平面得到钢锚梁顶板顶面

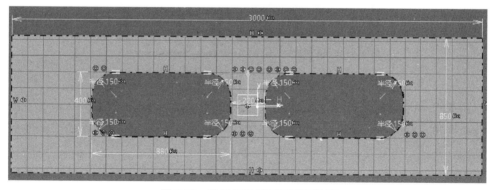

图 8-20　绘制钢锚梁顶板截面轮廓

（3）绘制底板：通过偏移平面定位底板位置，绘制底板截面轮廓（见图 8-21），关联底板长度、底板宽度、底板厚度、底板凹槽长度、底板凹槽宽度、底板凹槽倒角、底板凹槽间距、底板小凹槽长度参数。

当测量的参数大小和类型都一致时，按住 Ctrl 键依次选择各对象，然后右键点击选定的对象，点击编辑公式可以同时关联多个相同参数，从而减少工作量。如图 8-22 所示。

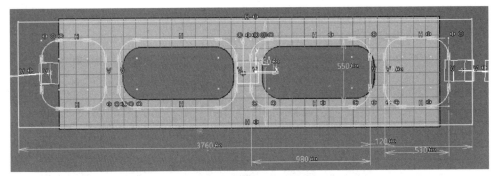

图 8-21 绘制钢锚梁底板截面轮廓

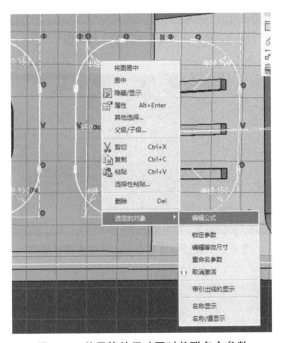

图 8-22 使用等效尺寸同时关联多个参数

在绘制倒角的过程中可能会出现无法修剪加长的元素，询问是否将长度转换为距离时，点击否，在草图工具中点击构造/标准元素将其转换为参考线，再重新画一条线，约束线条端点与相切点相合。如图 8-23 所示。

（4）绘制壁板：通过偏移平面，关联壁板与 yz 平面的间距，在平面上绘制壁板截面轮廓（见图 8-24），关联壁板长度、壁板宽度、壁板厚度参数。同理得到另一块壁板，关联壁板间距参数。

（5）绘制锚垫板：选择通过斜拉索直线创建的锚垫板底面平面，使用定位草图绘制锚垫板截面轮廓（见图 8-25），关联锚垫板长度、锚垫板宽度、锚垫板厚度、锚垫板凹槽半径。同理在另一边绘制相同规格的锚垫板。

（6）绘制腹板：选择定位草图，依次选择顶板侧面，将草图原点设为顶板轮廓/边线的中点，方向为 Z 轴，尽量保持竖直方向（V）为朝上。如图 8-26 所示。

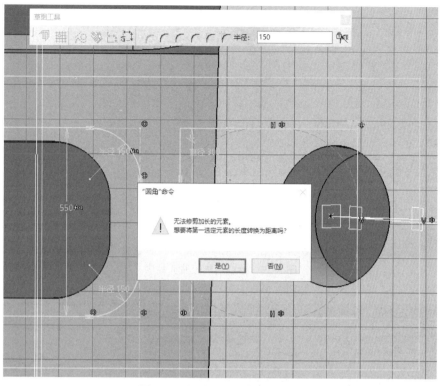

图 8-23 取消将长度转换为距离

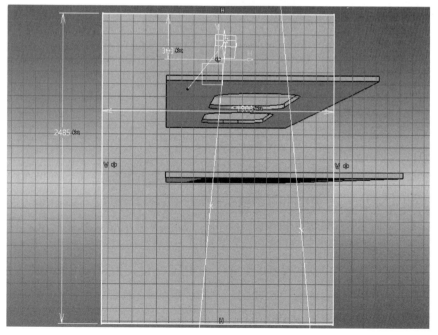

图 8-24 绘制钢锚梁壁板截面轮廓

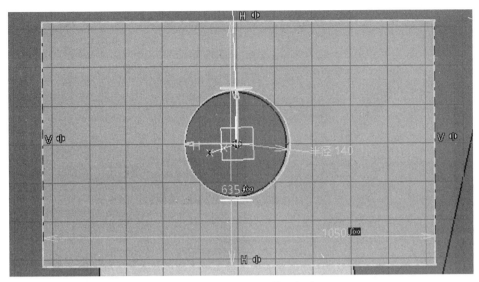

图 8-25 绘制锚垫板截面轮廓

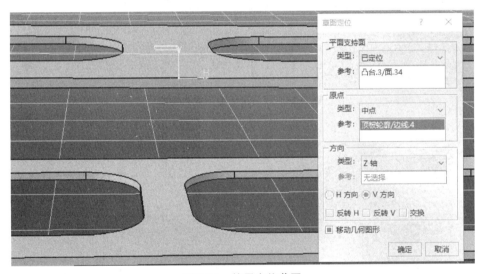

图 8-26 使用定位草图

绘制腹板截面轮廓（见图 8-27），将边线①、②与相邻的锚垫板平面约束为相合约束，将边线③、④与相邻的壁板平面约束为相合约束。关联腹板中间顶底间距、腹板中间左右间距、腹板倾斜长度、腹板倾斜高度、腹板高度、腹板厚度、腹板倒角参数。

由于边线①、②根据锚垫板（拉索）变化而变化，相邻两边线约束为水平，所以边线①、②被唯一确定。边线③、④同理被约束在壁板上，不需要定义腹板长度参数，或可以减少腹板中间左右间距参数，定义腹板长度参数，当然，这些都是基于使用对称功能减少的参数定义。同理绘制另一块腹板。

（7）绘制支撑板：绘制支撑板时可先将壁板隐藏。通过拉索中心线和投影线创建平面,再通过此平面及拉索中心线,通过旋转轴生成与以上两平面互相垂直的平面,可以将其移动到合适位置。如图 8-28 所示。

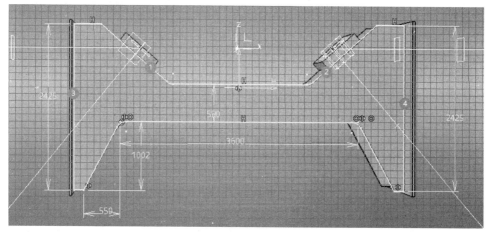

图 8-27　绘制钢锚梁腹板截面轮廓

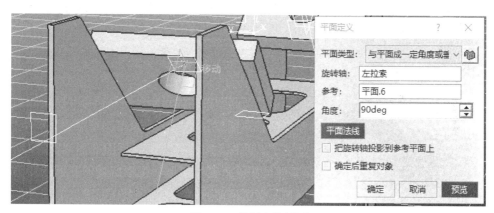

图 8-28　绘制定位平面

通过偏移平面生成支撑板所在平面,使用定位草图绘制截面轮廓(见图 8-29)。将边线 1 与相邻锚垫板平面约束为相合约束,将边线②、③与相邻腹板平面约束为相合约束,添加支撑板宽度、支撑板厚度、支撑板倒圆角半径、支撑板倒圆角边距参数。这里需要注意,可以不用定位草图绘制截面轮廓,但是软件自动默认的坐标方向容易使在绘制截面轮廓时,自动约束线条 H、V 方向,这样会导致改变拉索坐标点时,出现支撑板不能跟随腹板一起变化(过约束)而导致错误。合理利用自动约束功能,但是也要在一些特定情况的时候避免使用自动约束。

在绘制另外三个支撑板时,注意不能使用镜像功能直接得到另一半,因为支撑板两边与壁板相合,镜像会失去该约束。

(8)绘制支撑板加劲肋:绘制支撑板加劲肋轮廓之前可先隐藏腹板,选择拉索中心线与其投影线创建的平面,在平面上创建支撑板加劲肋轮廓。如图 8-30 所示。

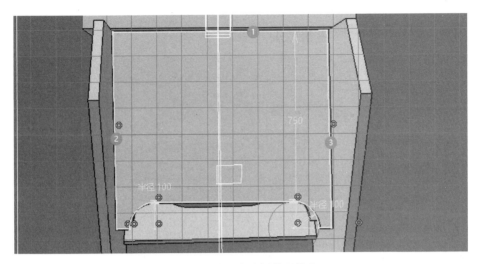

图 8-29 绘制定位板截面轮廓

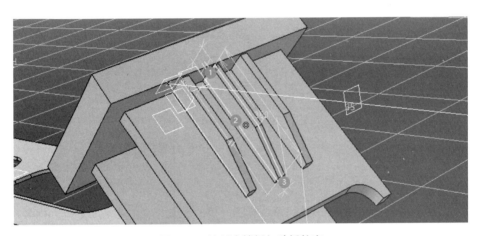

图 8-30 绘制支撑板加劲板轮廓

将边线 1 与相邻锚垫板轮廓约束为相合约束，将边线 2 与相邻支撑板平面约束为相合约束，将边线 3 设置为与边线 1 平行，关联支撑板加劲肋长度、支撑板加劲肋宽度、支撑板加劲肋厚度、支撑板加劲肋长边倒角长度、支撑板加劲肋短边倒角长度参数。

通过阵列得到另外两个支撑板加劲肋（见图 8-31），关联支撑板加劲肋个数、支撑板加劲肋间距参数，同法用于绘制另外三块加劲板上的加劲肋。

（9）绘制腹板加劲板：绘制腹板加劲板之前可先将腹板、底板以外的其他实体隐藏。通过腹板上①平面偏移得到腹板加劲板所在平面（见图 8-32），关联腹板加劲板偏移距离参数，绘制腹板加劲板截面轮廓（见图 8-33）。

将边线①与相邻底板平面约束为相合约束，将边线②、③与相邻腹板平面约束为相合约束，将边线④与相邻底面约束为相合约束。关联腹板加劲板厚度、腹板加劲板过焊孔半径、腹板加劲板凹槽边距、腹板加劲板凹槽倒角参数。

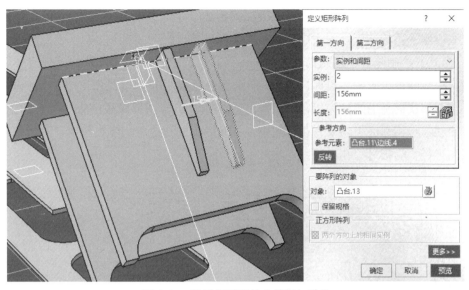

图 8-31　阵列得到其他支撑板加劲肋

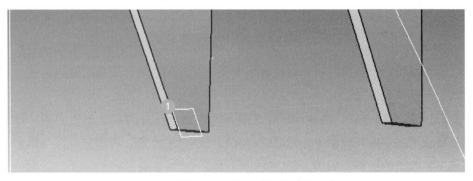

图 8-32　通过偏移平面得到腹板加劲板所在平面

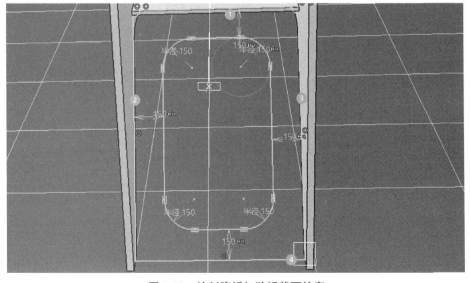

图 8-33　绘制腹板加劲板截面轮廓

还需注意自动约束可能会将腹板加劲板边线定义为竖直（水平），需要删除竖直（水平）的约束，同法绘制另一块腹板加劲板。

（10）绘制隔板：绘制隔板之前可先将腹板、顶板、底板以外的其他实体隐藏。一般隔板设置较为对称，在 yz 平面上绘制隔板轮廓（见图 8-34），将边线①与相邻顶板平面约束为相合约束，将边线②、④与相邻腹板约束为相合约束，将边线③与相邻底板约束为相合约束。关联隔板凹槽边距、隔板厚度、隔板凹槽倒角半径、隔板过焊孔半径。

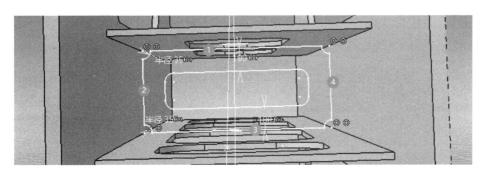

图 8-34　绘制隔板轮廓

如在模板中，顶腹底板相对位置不变化，其他隔板实体可通过阵列生成，反之需要手动添加。

（11）绘制预埋管：绘制预埋管之前可先将壁板以外的其他实体隐藏。首先通过壁板所在平面与拉索中心线通过定义相交得到中心点，再通过此点与拉索中心线生成曲线的法面。如图 8-35 所示。

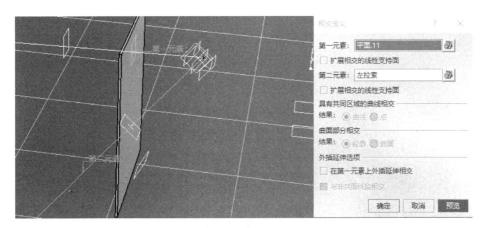

图 8-35　绘制预埋管参考平面

在此平面上使用定位草图绘制预埋管外径轮廓、预埋管内径轮廓（分开绘制两个草图），关联预埋管内径、预埋管外径、预埋管投影长度参数。使用投影功能，选择投影类型为沿某一方向，依次选择投影元素、投影支持面及投影方向，得到预埋管在壁板面上的投影轮廓。如图 8-36 所示。

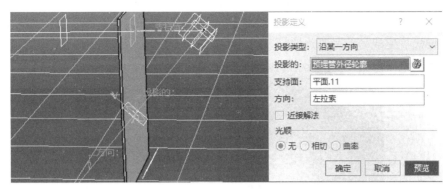

图 8-36 使用投影得到预埋管截面轮廓

通过投影轮廓定义凸台,设置第一限制类型为直到平面,设置凸台方向为拉索方向,得到预埋管的外轮廓。如图 8-37 所示。

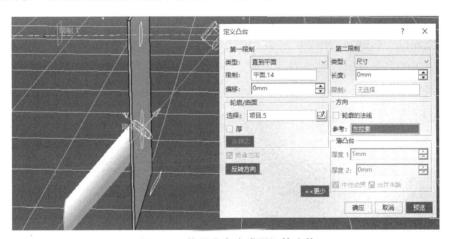

图 8-37 使用凸台生成预埋管实体

同理得到预埋管内径投影轮廓后,使用凹槽命令得到空心轮廓(见图 8-38),此时空心虽然存在,但是壁板与其没有关系,不能实现剪切效果。

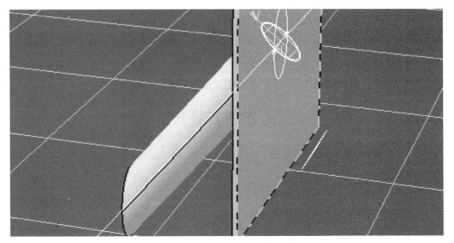

图 8-38 绘制预埋管内轮廓

使用装配命令将预埋管凹槽装配到壁板中（见图8-39），预埋管空心即可显示，同法可生成另外一侧预埋管。

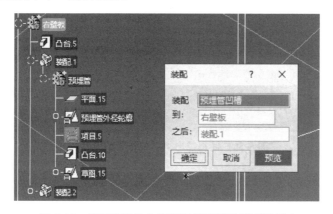

图8-39 使用装配命令将预埋管凹槽装配到壁板中

完成以上板件的创建后，将几何图形集隐藏，实体模型显示，轴系隐藏，即得到完整的参数化钢锚梁模型（见图8-40），可以通过拉索两端坐标点直接生成相应钢锚梁。

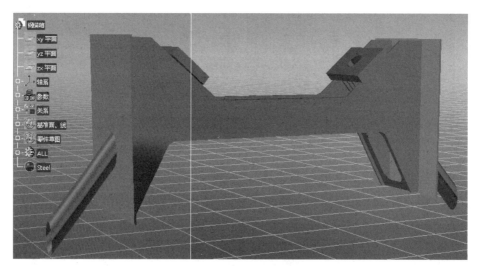

图8-40 钢锚梁全模型

8.4 基于BIM正向设计的钢锚梁分析

8.4.1 桥塔参数设计概述

钢锚箱各板件编号见图8-41及图8-42设计资料。

为了准确、精细分析钢锚梁的受力性能，采用CATIA有限元分析与模拟软件对主桥钢锚梁局部实体进行有限元分析计算，并根据计算结果对原钢锚梁尺寸设计进行优化。为了对比边界选取对结果的影响，采用全实体单元建模法和混合多尺度建模法对比计算。

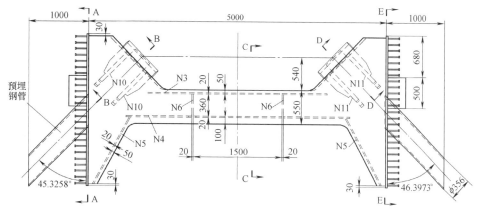

图 8-41 钢锚箱立面图

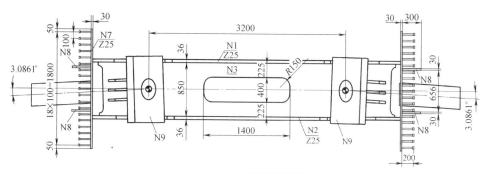

图 8-42 钢锚箱平面图

8.4.2 钢锚梁参数取值对比分析

1. 受力机理、传力途径及设计参数选取

钢锚梁由支撑板、锚垫板、承压板、腹板、顶板、底板以及各板件加劲肋组成。斜拉索索力直接作用于由锚垫板、承压板、支撑板所组成的支撑结构上，一部分索力直接通过锚垫板经承压板传递给腹板，而大部分索力通过承压板传递至锚下支撑板，再由锚下支撑板传递至腹板。梁体由腹板、顶板、底板和横隔板组成，支撑结构与梁体腹板之间的焊缝将斜拉索索力传递至梁体。竖向分力通过腹板以及腹板加劲肋传递到壁板牛腿，再由剪力连接件传递至混凝土塔壁。成桥后，钢锚梁可视为两端固结体系，其受力方式为：斜拉索的水平拉力由钢锚梁与混凝土塔壁协同承受，两者受力分配关系受结构变形协调的影响。将钢锚梁索塔锚固区结构离散成钢锚梁和混凝土框架模型，对称取其一半的模型。设斜拉索的总水平分力 $T_总$ 直接作用在钢锚梁上，钢锚梁腹板承担一部分水平分力 T，混凝土塔壁承担另一部分水平分力 P，锚固区段内力分布模型如图 8-43（a）所示，即有：$T_总 = T + P$。钢锚梁拉板存在变形 Δ_s，混凝土塔壁存在变形 Δ_c。索塔锚固区混凝土壁弯矩分布如图 8-43（b）所示。

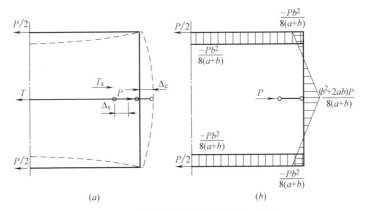

图 8-43 索塔锚固区水平传力示意图
(a) 受力分析；(b) 混凝土壁弯矩分布

在拉力 T 作用下，单向拉伸变形将产生在钢锚梁腹板上。由材料力学确定拉伸量为：

$$\Delta_s = \frac{Tc}{4A_s E_s} \tag{8-1}$$

式中 E_s——钢锚梁弹性模量；
A_s——钢锚梁拉板横截面积；
c——钢锚梁长度。

联合体受水平分力 P 作用，其总变形由索塔端壁的弯曲变形和侧壁的拉伸变形组成，钢锚梁拉板的端部变形为：

$$\Delta_c = \frac{Pb^3(4a+b)}{192(a+b)E_b I_b} + \frac{Pa}{4E_c A_c} \tag{8-2}$$

式中 $E_b I_b$——混凝土端壁和牛腿联合体的抗弯刚度；
a——索塔顺桥向长度；
b——索塔横桥向长度；
E_c——混凝土弹性模量；
A_c——混凝土侧壁的截面积。

根据钢锚梁拉板和混凝土塔壁的变形协调关系 $\Delta_c = \Delta_s$，可得钢锚梁拉板与混凝土塔壁水平力分配比为：

$$\frac{T}{P} = \frac{b^3(4a+b)E_s A_s}{48(a+b)E_b I_b c} + \frac{aE_s A_s}{E_c A_c c} \tag{8-3}$$

本桥钢锚梁拉板考虑为顶板和腹板共同作用。考虑到拉板主要为轴心受拉，对塔壁抗弯刚度提供有限，可近似认为 $E_b I_b = E_c I_c$；且混凝土塔壁受力面积为钢牛腿腹板间距×钢壁板宽度（0.72m×2.385m）。其余各项参数如下：$a=8$m、$b=6$m、$c=5.6$m、$A_s=0.103$，一并代入公式 (8-3) 求得：

$$\frac{T}{P} = 2.07$$

即：钢锚梁拉板（腹板＋顶板）承担约 67.4% 的水平力，混凝土塔壁承担约 32.6% 的水平力。

为了详细对比腹板厚度、顶板厚度对传力比的影响，选取 35 种不同的板厚参数进行分析，结果如图 8-44、图 8-45 所示。

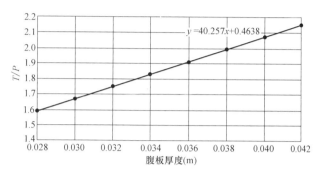

图 8-44 腹板厚度与传力比的关系

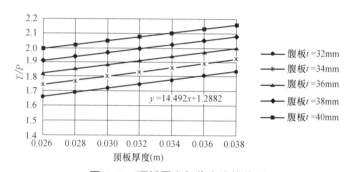

图 8-45 顶板厚度与传力比的关系

由图 8-44、图 8-45 可知，腹板和顶板共同承担水平力，但腹板厚度对传力比的影响更加显著，腹板厚度对传力比的影响率约为顶板厚度的 2.8 倍。设计时，应尽量让钢锚梁承担更多的水平力，从而降低塔壁的应力水平，最大限度地发挥出平衡斜拉索索力的作用，有效调整钢锚梁和桥塔对索力的分配，使索塔锚固区的受力更加合理。

拉索锚固区压力传递的顺序为：锚垫板→承压板→支撑板→腹板。研究表明，支撑板和腹板各自承担大约 50% 的锚下压力。大量参数分析表明，承压板大约承担支撑板上 50% 的锚下压力，支撑板厚度或者长度的增加有利于增加支撑板向腹板传递荷载的比例（见图 8-46），当尺寸达到一定值时，传递比例增长变得很低，因此应合理选用承压板、支撑板的尺寸以寻求最优传力效率。

通过以上传力机理分析，可以得到各部位的设计意图如下：

（1）锚垫板是钢锚梁上直接承受荷载的位置。

锚具传来的作用力在锚梁上是环形的，其分布面积往往很小，这样势必使锚箱产生很大的应力集中。垫板的作用就是对荷载进行扩散，以减小荷载对锚箱构件的压力。为了达到扩散压力的作用，垫板的刚度必须要很大。理想的情况是垫

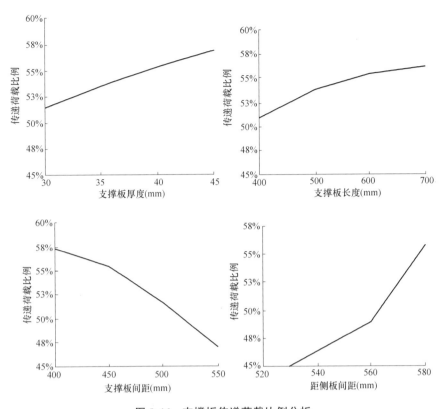

图 8-46 支撑板传递荷载比例分析

板是个刚体,这样荷载传递到支撑板上时分布面积就是垫板的面积。根据地方标准《斜拉桥钢锚梁索塔锚固区设计规范》DB36/T 1010—2018 第 7.2.4 条,锚垫板厚度不宜小于 70mm。

(2)腹板是钢锚梁中尺寸最大的板件,其用钢量通常占整个钢锚梁用钢量的 50% 以上,合理的板厚能保证良好的经济效益。

大量计算分析资料和试验表明,腹板应力控制点不在底部而在顶部转角区引起的应力集中,如图 8-47 所示。

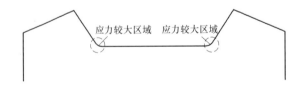

图 8-47 钢锚梁腹板应力控制点

因此,增大转角半径和增加板厚都有利于改善该区域的受力状况,转角半径达到一定值时,应力状态不再改变,增加板厚则会增加钢材用量,设计应同时兼顾两者以提高钢结构使用效率。

2. 参数取值参考

整理以往的参考项目、科研报告和论文集中斜拉桥钢锚梁的构件设计参数,分列于表 8-5。

斜拉桥钢锚梁主要参数 **表 8-5**

桥梁编号	材料	钢锚梁跨径(m)	锚垫板厚度(mm)	承压板厚度(mm)	支撑板厚度(mm)	腹板厚度(mm)	顶板厚度(mm)	底板厚度(mm)	横隔板厚度(mm)
1	Q345qD	6.7	80	50	40	44	32	32	20
2	Q370qD		40	50	40	44		40	
3	Q345qD	6.8	80	40	40	40	30	30	
4	Q390qD	6	40	40	40	40			
5	Q345C	6	80	40	40	30			20
6	Q345qD		80	50	30	30		30	
桥梁编号	材料	钢锚梁跨度(m)	锚垫板厚(mm)	承压板厚(mm)	支撑板厚(mm)	腹板厚(mm)	顶板厚(mm)	底板厚(mm)	横隔板厚(mm)
7	Q345qD	5.6	50	未设置	40	30			20
8	Q420qD	6.7	120～140	未设置	25～32	26～38	25	32	20
9	Q345D		80	40	48	40	40～50		
10	Q345D	6.8	140	未设置	32	36	25	28	12
11	Q370qD	5.6	80	40	40	32	32	32	20

注：1：禹门口黄河公路大桥，主跨 565m，最大索力 8032kN；2：珠海洪鹤大桥，主跨 500m，最大索力 5881.5kN；3：嘉鱼长江公路大桥，主跨 920m，牛腿腹板、顶板厚 40mm，加劲肋厚 20mm，钢塔壁厚 30mm；4：杭州湾跨海大桥，主跨 448m；5：厦漳跨海大桥，主跨 780m，牛腿顶板厚 40mm，牛腿腹板厚 30mm；6：乌江三桥，独塔跨度 155m+155m，最大索力 5250kN，牛腿顶板厚 40mm，牛腿腹板厚 30mm，壁板厚 30mm；7：灌河大桥，主跨 340m，最大索力 7370kN；8：荆岳大桥，主跨 816m，最大索力 8900kN；9：嘉绍大桥，主跨 428m，最大索力 4050kN；10：九江长江公路大桥，主跨 818m，最大索力 6676kN；11：本桥。表中所空内容为资料未显示。

各桥主要受力板件的厚度对比如图 8-48～图 8-52 所示。

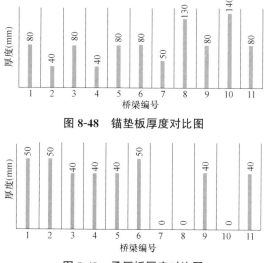

图 8-48 锚垫板厚度对比图

图 8-49 承压板厚度对比图

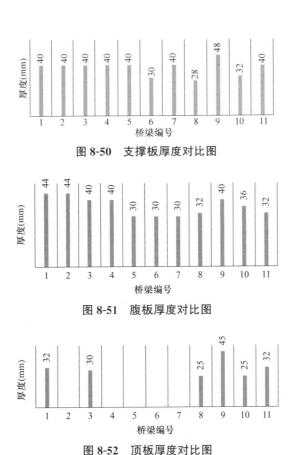

图 8-50 支撑板厚度对比图

图 8-51 腹板厚度对比图

图 8-52 顶板厚度对比图

桥梁锚固系统用钢量与最大索力见表 8-6。

索塔锚固区用钢量与最大索力　　　表 8-6

桥名	桥跨(m)	材质	锚箱/锚梁用钢量(t)	个数	最大索力(kN)
红岩村嘉陵江大桥	230+375+127.8	Q370qD	713.28	84	7519
泸州沱江四桥	55+200+58+50	Q370qD	659.78	60	5300
嘉悦大桥	145+250+145	Q345D	632.68	52	10087
金塘大桥	295+620+295	Q345D	623.8	38	7840

3. 板件厚度参数优化计算分析

设计的钢锚梁锚垫板、承压板、支撑板组成的支撑体系，各板件厚度设置在大多数桥梁以往经验的中等范围内，满足《斜拉桥钢锚梁索塔锚固区设计规范》DB36/T 1010—2018 第 7.2.4 条"锚垫板厚度不宜小于 70mm"的规定。结合本桥钢锚梁的计算结果表明，尺寸设置基本合理。钢锚梁所受的水平拉力由腹板、顶板、底板一起承担，各板件荷载分担比与其抗拉刚度、索力作用点等有关，分析得到的结果如图 8-53 所示。

腹板厚度的取值很大程度上影响腹板和底板的受力状态，腹板作为主要受拉板件，其厚度通常较大，结合 11 座桥统计结果来看，本模型腹板厚度取 32mm，已属于偏低的范围。顶板作为辅助受拉构件，本模型顶板厚度取 32mm，属于中

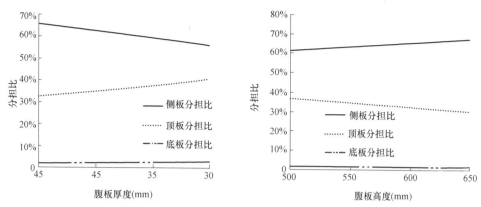

图 8-53　不同腹板厚度和高度下水平力的分担比

等偏大的范围。由于腹板尺寸远大于顶板，合理的设计应该保证腹板和顶板应力范围接近，差值不大。腹板用钢量大于顶板用钢量，现通过定量的腹板参数分析确定腹板厚度的合理值。按腹板厚度在 28～40mm 范围内变化进行分析，分别考察腹板纵向应力、顶板纵向应力、腹板等效应力、顶板等效应力。通过 28 个实体有限元模型计算（采用简化模型，边界两端固结处理，见图 8-54），结果如图 8-55 所示。

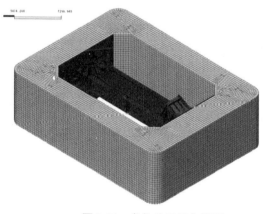

图 8-54　参数分析简化模型

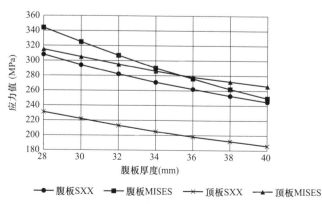

图 8-55　腹板参数分析结果

由图 8-55 可知，当腹板厚度在 28～30mm 时，腹板应力远大于顶板应力，应力强度由腹板控制；当腹板厚度在 32～36mm 时，腹板应力接近顶板应力，应力强度由腹板控制；当腹板厚度在 38～40mm 时，顶板应力大于腹板应力，应力强度由顶板控制。优化分析钢锚梁腹板厚度取用 32mm，腹板最大等效应力为 307MPa，顶板最大等效应力为 295MPa，差值 12MPa，虽然腹板厚度选用 34mm 或者 36mm 能保证二者应力差值更小，但材料消耗更大。综上所述，本优化分析最终确定的各板件厚度均为合理设计。

8.4.3 钢塔 CATIA 有限元计算分析

CATIA 工程分析包括静态分析（Static Analysis）和动态分析（Dynamic Analyses）。动态分析又分为限制状态固有频率分析（Frequency Analysis）和自由状态固有频率分析（Free Frequency Analysis），前者在物体上施加一定约束，后者的物体没有任何约束，即完全自由。

1. 有限元分析准备工作

（1）在三维实体建模模块建立形体的三维模型，为三维形体添加材质（见图 8-56）。注意工程分析仅识别一个几何体，如果零件是由多个几何体组成，则使用装配命令将所有几何体装配到一个几何体中。

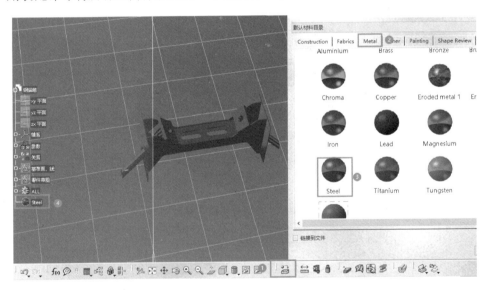

图 8-56 赋予材料

（2）将显示模式设置为 Shading（着色）和 Materials（材料）（见图 8-57），这样才能看到形体的应力和变形图。

（3）进入工程分析模块

选择菜单开始→分析和模拟→Generative Structural Analysis 弹出图 8-58 所示新的分析实例对话框。在对话框中选择静态分析（Static Analysis）、限制状态

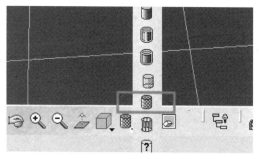

图 8-57 调整显示模式

固有频率分析（Frequency Analysis）还是自由状态固有频率分析（Free Frequency Analysis），单击 OK 按钮，将开始一个新的分析实例。

（4）网格划分

CATIA 软件的网格划分是自动进行的，只要转到有限元模块，程序就已自动确定划分方案，只有复杂的模型才需要手动对局部网格进行划分。当然，用户可双击模型树中的 ▲ OCTREE Tetrahedron Mesh.1：Part1 来调整单元划分参数，则弹出图 8-59 所示四面体网格密度定义对话框，输入图中所示数值，完成网格参数修正。

图 8-58 新的分析实例对话框

图 8-59 网格划分

网格划分的大小不同，占用计算机资源也不同。当划分网格越小时，等待运算的时间也会更长。如果出现图 8-60 中的报错，或出现终止提示框，可能是因为模型内部存在碰撞，只能先解决几何体碰撞才能进行有限元分析。

2. 施加约束

（1）夹紧约束

该约束施加于形体表面或边界，使其上所有节点的位置固定不变（三个平移自由度全部约束）。施加夹紧约束的过程是：

1）单击 图标，弹出夹紧约束对话框（见图 8-61）。

2）选择约束对象（曲面或边界），例如选择形体的一个表面，单击 OK 按钮。

在所选形体表面和特征树的相应节点处就产生了夹紧约束标记（见图8-62）。

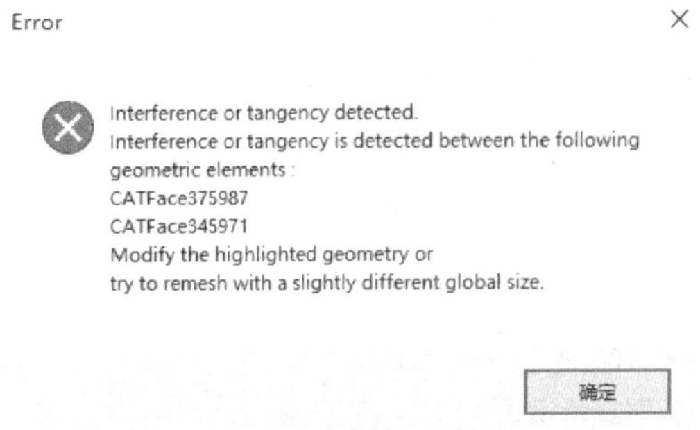

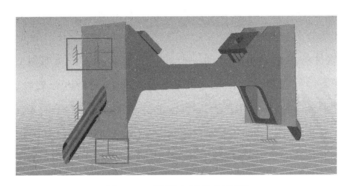

图8-60　分析过程报错 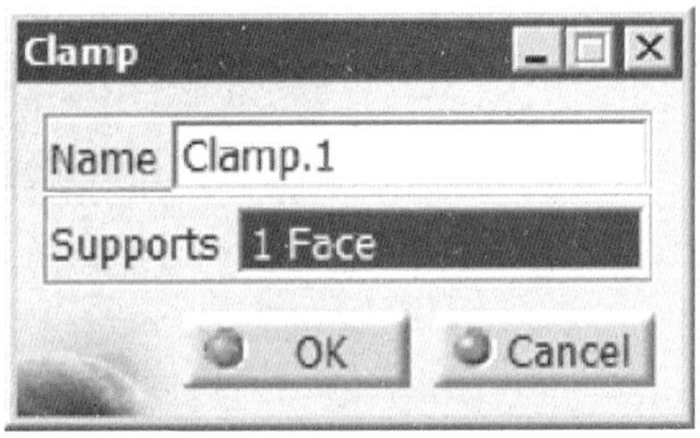　　　　　　图8-61　夹紧约束对话框

图8-62　选择夹紧约束表面

（2）表面滑动约束

该约束施加于形体表面，使得表面上的节点只能沿着此表面滑动，而不能沿着此表面的法线方向运动。施加表面滑动约束的过程是：

1）单击图标，弹出与图8-63类似的表面滑动约束对话框。

2）选择约束对象（形体表面），单击OK按钮。在所选形体表面和特征树的相应节点处就产生了表面滑动约束标记，此处不做演示。

（3）高级约束

该功能提供了对任意节点的（平移）自由度的约束控制。施加高级约束的过程是：

1）单击图标，弹出高级约束对话框（见图8-64）。

2）选择约束对象（曲面或棱边）。

3）选择坐标系类型，其中Implicit为隐含（局部）坐标系、Global为全局坐标系、User为用户定义坐标系。

4）选择要约束的自由度（旋转自由度只对壳体单元或虚拟实体起作用），例如采用图8-64中约束设施方式对形体外棱边的2（Y方向）和3（Z方向）的平移自由度，第一自由度（X方向）未被约束。

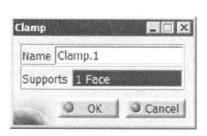

图 8-63 表面滑动约束对话框

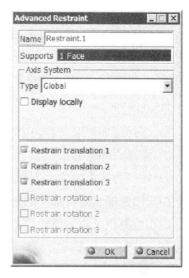

图 8-64 高级约束对话框

(4) 静态约束

该功能使形体不能产生刚体运动,成为静定状态(约束平移和旋转自由度)。施加静态约束的过程:

1) 单击 图标,弹出静态约束对话框。

2) 选择约束对象,同时在形体附近显示静态约束标记。

3. 施加载荷

(1) 均匀压力载荷

该载荷施加于曲面或平面,均匀分布,方向为表面的法向方向。一般流程是:

1) 单击 图标,弹出施加压力载荷对话框(见图 8-65)。

2) 选择施加对象(表面)(见图 8-66)。

3) 输入压力数值(压强)。

图 8-65 施加压力载荷对话框

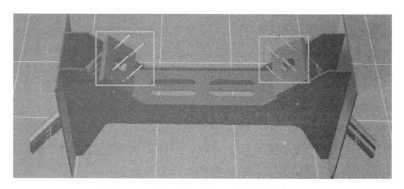

图 8-66 选择施加均匀压力载荷的表面

(2) 分布力、扭矩和轴承载荷

该类载荷作用于点、表面或虚拟单元，等价于节点上的力和力矩。一般流程是：

1) 单击 ![icon]（或 ![icon]、![icon]）图标，弹出图 8-67 所示施加载荷的对话框。

2) 选择施加对象（表面或棱边）。

3) 选择力的坐标系。

4) 输入力或力矩的大小和方向。

(3) 加速度载荷（形体的重力）

该功能提供了施加惯性力或重力的方法。一般流程是：

1) 单击 ![icon] 图标。

2) 选择施加对象。

3) 选择坐标轴。

4) 输入加速度 x、y、z 方向载荷的分量。

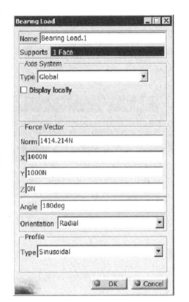

图 8-67 施加载荷的对话框

(4) 离心（向心）力

定义由于旋转产生的离心力。一般流程是：

1) 单击 ![icon] 图标。

2) 选择形体。

3) 选择旋转轴。

4) 输入角速度和角加速度值。

(5) 密度力

密度力包括线密度力 ![icon]、面密度力 ![icon] 和体密度力 ![icon]，是施加于直线、曲面或实体上的均匀载荷。一般流程是：

1) 单击密度力图标。

2) 选择施加对象（直线、曲面或实体）。

3) 选择轴系。

4) 选择力的方向和密度。

5) 选择坐标系类型，其中 Implicit 为隐含（局部）坐标系、Global 为全局坐标系、User 为用户定义坐标系。

(6) 位移载荷

该载荷在前面施加的约束基础上给定强制位移，等价于在实体约束表面施加载荷，例如一个表面施加了夹紧约束后可以给定此表面上的三个平移位移一定的数值，相当于对此表面施加了一定的载荷。一般流程是：

1) 单击 ![icon] 图标，弹出位移载荷对话框（见图 8-68）。

2）选择已施加的约束。

3）输入每个约束自由度的位移值。

4. 静态有限元计算

（1）确定存放计算数据和计算结果文件的路径

可以通过下面两种方法指定计算数据和计算结果存储路径：

1）选择 图标，弹出确定存储路径对话框（见图 8-69），输入计算数据和计算结果文件的存储路径。

图 8-68　位移载荷对话框

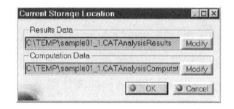

图 8-69　确定存储路径对话框

2）双击特征树的 Links Manager 节点目录的分支（见图 8-70），即可更改存储路径。

图 8-70　特征树的 Links Manager 节点

（2）启动有限元计算功能

单击 图标，弹出有关计算的对话框（见图 8-71），在该对话框的下拉列表里选择 All，单击 OK 按钮即可开始计算，完成计算后，有关显示有限元分析结果的图标改变为可用的状态。

图 8-71　有关计算的对话框

5. 显示静态分析结果

（1）产生/显示自动划分的网格

单击 图标，显示了增添网格后的形体（见图 8-72），网格是 CATIA 自动划分的。

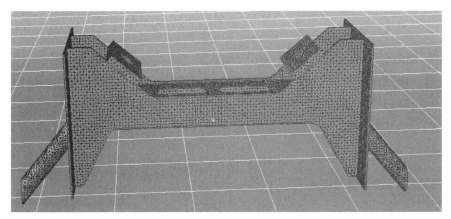

图 8-72 增添网格后的形体

将光标移至形体或特征树的节点上面之后单击鼠标右键,在随后弹出的上下文相关菜单中选择【Deformed Meshobject】→【Definition】,将弹出控制网格效果的对话框。若切换开关 DisplayonDeformedMesh 为开,则显示变形后的实体模型,否则显示变形前的实体模型。

(2) 冯米斯应力 (StressVonMises) 显示

单击 ![icon] 图标,显示了冯米斯应力图,如图 8-73 所示。冯米斯应力图用于评价应力分布情况,右面是 CATIA 自动生成的调色板,颜色逐渐变深,表示应力逐渐变大。当鼠标指向节点时,显示此节点的冯米斯应力值。

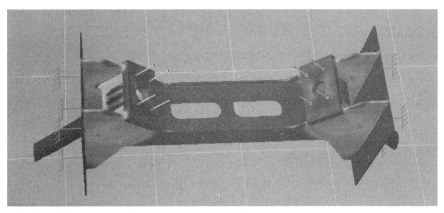

图 8-73 冯米斯应力图

(3) 位移显示

单击 ![icon] 图标,点击 Generate Image(见图 8-74)。

在以下可选图像中(见图 8-75)点击需要显示的图像,如平移位移量(Translational displacement magnitude)。

位移代表变形情况,也是用颜色代表位移值,自动产生调色板,代表一定范围的位移值;鼠标移至节点上,可显示此点的位移值。如图 8-76 所示。

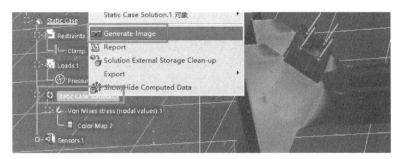

图 8-74 位移等值线图

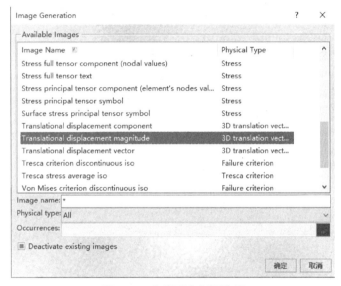

图 8-75 多类型分析图选项

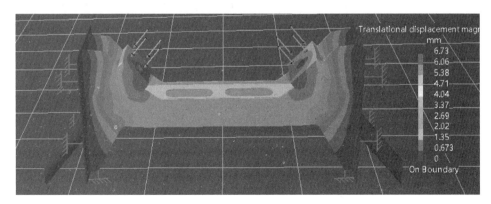

图 8-76 位移图

由图 8-76 可知，钢锚梁最大位移处位移为 6.73mm。

（4）主应力张量显示

单击 图标，显示了主应力张量图，如图 8-77 所示。该功能显示节点处应力张量的符号，从整个显示图可以看到形体承接载荷的路径和状态，颜色逐渐变深，表示应力逐渐变大。

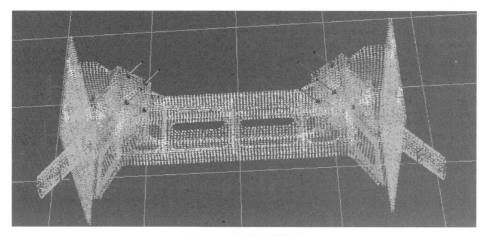

图 8-77 主应力张量图

（5）位移或应力的最大最小值显示

单击 图标，可以在位移或应力图上标注位移或应力的最大最小值，如图 8-78 所示。

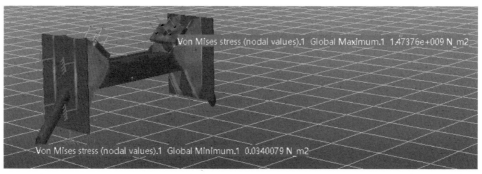

图 8-78 显示应力的最大最小值

由图 8-78 可知，最大等效应力为 147.3GPa。

6. 小结

基于 BIM 模型有限元分析的一般流程如图 8-79 所示。

从进入有限元分析模块至施加载荷的过程是有限元分析预（前）处理，生成计算结果是计算过程，分析计算结果修改参数是有限元分析后处理，有限元文件的类型为 CATAnalysis。

8.4.4 塔上锚固区有限元计算分析

1. 有限元模型

应力分析采用通用的有限元软件进行，取 14～16 号索主塔锚固区对应主塔及锚固构造作为研究对象，主塔及锚固构造采用实体单元模拟（见图 8-80）。

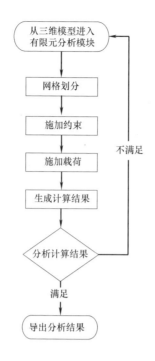

图 8-79 有限元分析流程图

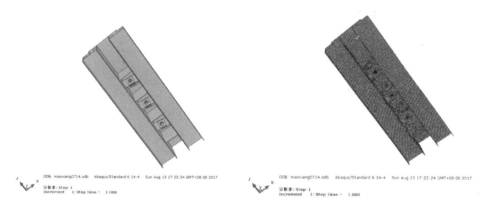

图 8-80 主塔锚固几何模型

2. 约束条件和荷载

为了简化模型计算,对主塔节段一侧采用固结,一侧采用悬臂,模型中的 14~16 号索的索力按实际索力施加,采用面荷载加载方式将索力作用在锚垫板上。

3. 应力结果

主塔及锚固构造整体应力见图 8-81,从图中可以看出,应力不超过 218.76MPa。

主塔整体应力见图 8-82,从图中可以看出,应力不超过 59.24MPa。

内腹板应力见图 8-83,从图中可以看出,应力不超过 59.24MPa。

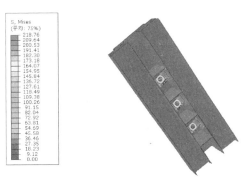

图 8-81 总体 mises 应力（MPa）

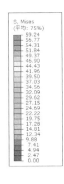

图 8-82 主塔 mises 应力（MPa）

图 8-83 内腹板 mises 应力（MPa）

外腹板应力见图 8-84，从图中可以看出，应力不超过 23.84MPa。

一侧锚箱应力见图 8-85，从图中可以看出，应力不超过 218.76MPa。

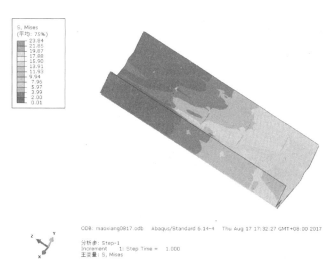

图 8-84　外腹板 mises 应力（MPa）

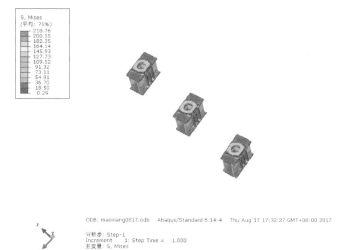

图 8-85　一侧锚箱 mises 应力（MPa）

16 号锚箱应力见图 8-86，从图中可以看出，应力不超过 218.76MPa。

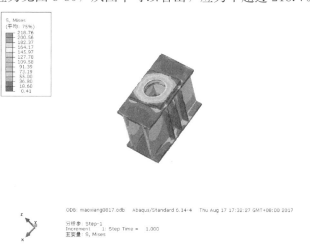

图 8-86　16 号锚箱 mises 应力（MPa）

16号锚箱承力板应力见图 8-87，从图中可以看出，应力不超过 165.12MPa。

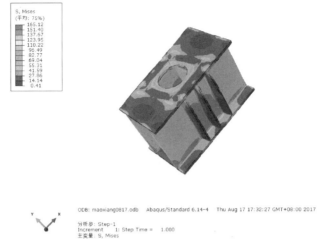

图 8-87　16 号锚箱承力板 mises 应力（MPa）

16 号锚箱锚垫板应力见图 8-88，从图中可以看出，应力不超过 218.76MPa。

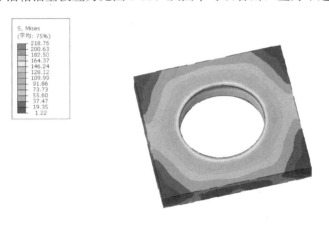

图 8-88　16 号锚箱锚垫板 mises 应力（MPa）

15 号锚箱承力板应力见图 8-89，从图中可以看出，应力不超过 159.21MPa。
15 号锚箱锚垫板应力见图 8-90，从图中可以看出，应力不超过 207.42MPa。
14 号锚箱承力板应力见图 8-91，从图中可以看出，应力不超过 153.15MPa。
14 号锚箱锚垫板应力见图 8-92，从图中可以看出，应力不超过 203.46MPa。

4. 小结

CATIA 有限元分析计算的准确率与网格划分有很大关系，其结果可作为参考，用于分析受力及病害发展趋势。相比于 Ansys 和 Patran 等其他有限元分析软件，CATIA 计算精度还存在误差。

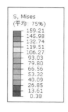

图 8-89　15 号锚箱承力板 mises 应力（MPa）

图 8-90　15 号锚箱锚垫板 mises 应力（MPa）

图 8-91　14 号锚箱承力板 mises 应力（MPa）

图 8-92 14 号锚箱锚垫板 mises 应力（MPa）

8.5 螺栓信息化建模

螺栓各阶段信息输入见表 8-7。

螺栓各阶段信息输入　　　　　　　表 8-7

	项目要素	可研阶段	初设阶段	施工图阶段
几何信息	一般几何信息	—	尺寸	—
	定位几何信息	—	位置、间距	—
非几何信息	一般非几何信息	—	类型、材料、强度	—
	材料拓展非几何信息	—	1. 抗拉压抗弯强度、抗剪强度、端面承压强度等；2. 最大拉应力、最大压应力、剪切应力等	—
	计量非几何信息	—	重量、防腐面积	—
	施工拓展非几何信息	—	—	安装工艺

螺栓孔的建模方法有两种：一种是在零件环境下建立孔特征；另一种是在装配环境下建立孔特征。前一种方法的孔特征包含在零件的三维模型中；后一种方法的孔特征包含在装配体的三维模型中，零件模型中不包含孔特征。对于第一种情况，通过螺栓连接的若干零件的螺栓孔有重叠，螺栓数目等于零件的螺栓孔数目之和减去重叠的螺栓孔数目，而重叠的螺栓孔数目可以根据零件之间的装配关系和螺栓的坐标来确定；对于第二种情况，螺栓孔属于装配体，螺栓数目等于螺栓孔数目。螺栓孔的数目和直径可以从孔特征的草图信息中获取。

新建零件，切换到创成式外形设计，点击目录浏览器，双击打开 Bolt，里面有多种软件内置的螺栓、螺母模板，选择某一尺寸，右键作为新文档打开（见图 8-93）。尺寸不对也无关紧要，打开后可再做调整。

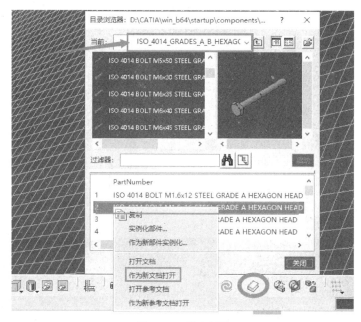

图 8-93　新建螺栓

在零件视图中不显示螺纹情况，仅在工程图中才显示（见图 8-94）。

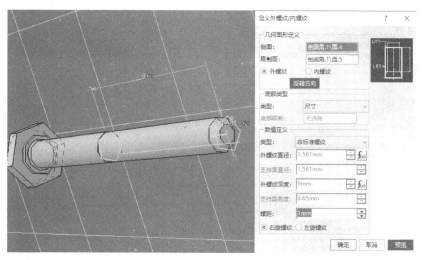

图 8-94　螺纹显示

8.6　小结

斜拉索及锚固体系按以上方式创建模型、输入几何参数信息和非几何参数信息，根据设计不同阶段得到的模型如图 8-95、图 8-96 所示。

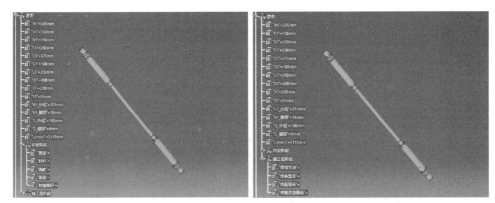

图 8-95　斜拉索初设阶段模型及信息　　图 8-96　斜拉索施工图阶段模型及信息

钢锚箱按以上方式创建模型、输入几何参数信息和非几何参数信息，根据设计不同阶段得到的模型如图 8-97 所示。

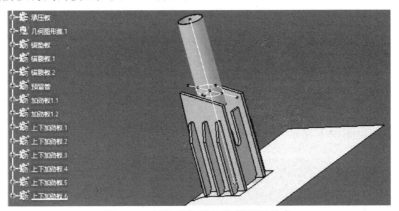

图 8-97　钢锚箱初设阶段模型及信息

钢锚梁按以上方式创建模型、输入几何参数信息和非几何参数信息，根据设计不同阶段得到的模型如图 8-98、图 8-99 所示。

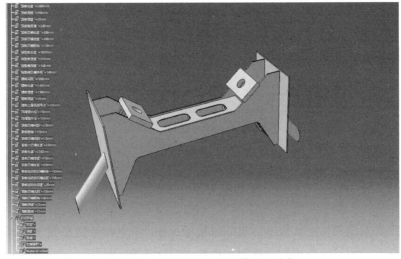

图 8-98　钢锚梁初设阶段模型及信息

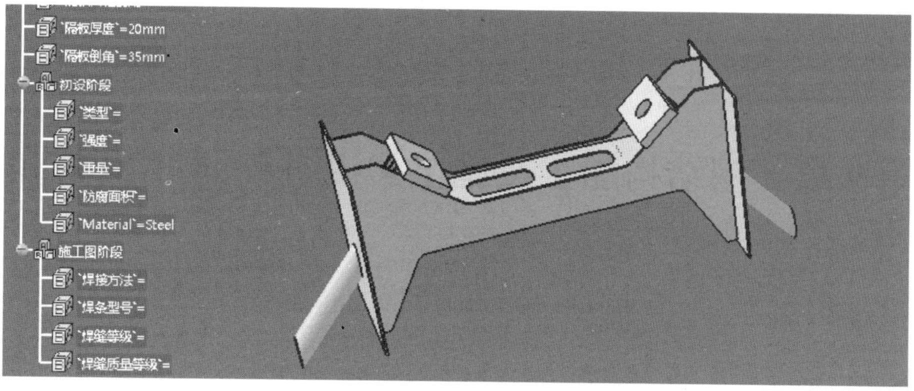

图 8-99 钢锚梁施工图阶段模型及信息

第 9 章　钢结构加工及施工架设过程的 BIM 应用

9.1　工程深化设计出图

BIM 在桥梁工程专业的发展仍处于起步阶段,模型交付还未得到广泛认可,二维图纸仍是设计成果交付的重要手段。基于达索 3DEXPERIENCE 进行桥梁结构的二维图纸设计,根据桥梁的三维模型,在出图规范和标准的指导下,建立二维平、立、剖面图的标准模板,并将二维图纸与三维模型相关联,让同类型的图纸能够批量化生成。根据桥梁结构内力和变形等计算成果,修改桥梁上部结构和下部结构构件的参数设置,更新生成的二维图纸,最终实现参数化协同的三维模型,使得二维图纸能够随三维模型的参数变化而变化,能够大幅度提高设计人员的工作效率。

9.1.1　出图类型及标准

各阶段所需出图类型如表 9-1 所示。

各阶段所需出图类型　　　　　　表 9-1

项目要素	可研阶段	初设阶段	施工图阶段
桥型布置图	▲	▲	▲
桥梁标准横断面图	▲	▲	▲
实腹式横隔板断面图	—	▲	▲
实腹式横隔板大样图	—	△	▲
框架式横隔板断面图	—	▲	▲
框架式横隔板大样图	—	△	▲
端封横隔板断面图	—	△	▲
中支点横隔板断面图	—	▲	▲
边支点横隔板断面图	—	▲	▲
钢箱梁加劲肋大样图	△	▲	▲
梁端槽口构造图	—	△	▲
检修门构造图	—	△	▲

在出二维图纸前，需详细规范图纸标注的标准，部分图纸标注标准如表 9-2 所示。

图纸标注标准　　　　　　　　　　　　　　　　　　　表 9-2

示例	说明
800　1000	尺寸标注：sym1，字高 2.0，字宽 0.75，字离标注线偏移 0.7，间距 7%
GB-E	英文文本：sym1，字高 2.0，字宽 0.75，间距 7%（如有引线，字离引线偏移 0.7）
人孔1	中文文本：sich，字高 3.0，字宽 0.90，间距 7%
1、本图尺寸均以毫米计	附注文本：sich，字高 4.0，字宽 0.90，间距 7%，行间距 1mm，附注用顿号
G梁段等轴测图	视图名称：sich，字高 6.0，字宽 0.80（要有双下划线），间距 7%
000	标注箭头：实心箭头
钢箱梁顶板	文本箭头：实心箭头
	粗线厚度：0.35 细线厚度：0.13

在出二维图纸前，对图框样式也进行了统一规定，图框样式标准如表 9-3 所示。

图框样式标准　　　　　　　　　　　　　　　　　　　表 9-3

示例	说明
104国道浦泗立交至南京二桥段（浦仪公路西段）施工图设计	项目名：STFangsong，字高 3.3，间距 −15%
跨江大桥	图名：STFangsong，字高 3.8，间距 −20%
设计　复核　审核　日期　图表号　　　2017.10　S2-2-2	日期：STFangsong，字高 3.0，间距 −15%
设计研究院	公司名：STFangsong，字高 3.8，间距 −35%
第　页　共　页	页码：STFangsong，字高 3.0，间距 0%

9.1.2 出图软件预设

CATIA 软件通过模型导出的二维图纸，可做到一处修改处处更新的效果，二维图纸直接修改，只需要导出即可。传统修改图纸某处修改，相关图纸均需要修改，甚至可能会遗漏，正向设计就可以避免这一点，以下是详细演示过程：

首选项设置：在进入 CATIADrafting 模块之前，首先看看如何进入到 CATIADrafting 的首选项设置。通过"首选项→机械→工程制图"，即进入到工程图首选项设置界面（见图 9-1）。

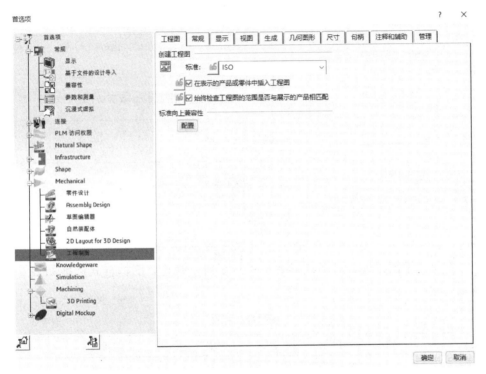

图 9-1 工程图首选项设置界面

下面对常见首选项设置进行介绍：

（1）修改默认制图标准。如需添加新的制图标准，需要在 Standard－drafting 类型中进行添加，该标准保存在下面文件路径下：…\ B419 \ win _ b64 \ resources \ standard \ drafting。如图 9-2 所示。

（2）修改图纸中的颜色。很多情况下，需要对线形颜色进行调整。在设置的首选项显示标签中，可对图纸中某种特定元素的颜色进行设置。如图 9-3 所示。

（3）对尺寸或者注释进行设置，也是常见的需求，在图 9-4 的标签中，设置可移动尺寸标注和注释或者禁用移动等。

（4）设置图纸网格大小和默认点捕捉与否，图 9-5 是对捕捉和图纸网格显示的设置。

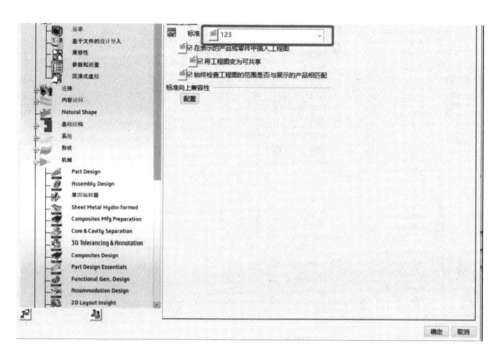

图 9-2 设置保存路径

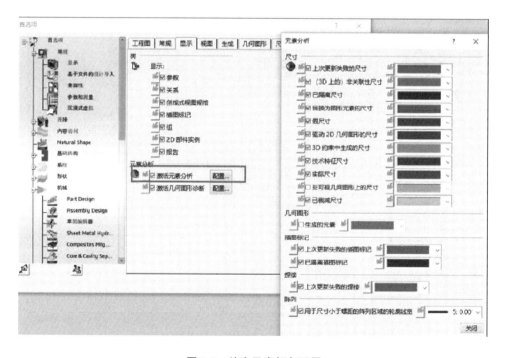

图 9-3 特定元素颜色配置

（5）设置工程图可切换、更新、升级标准与否，这部分默认都为勾选，但建议取消勾选。如图 9-6 所示。

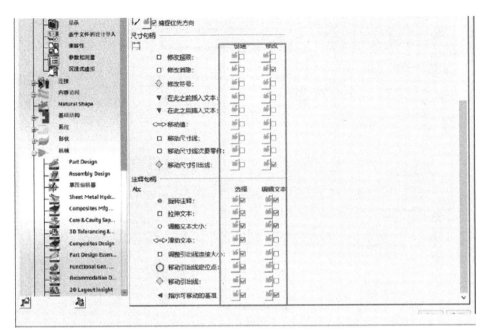

图 9-4 尺寸注释设置

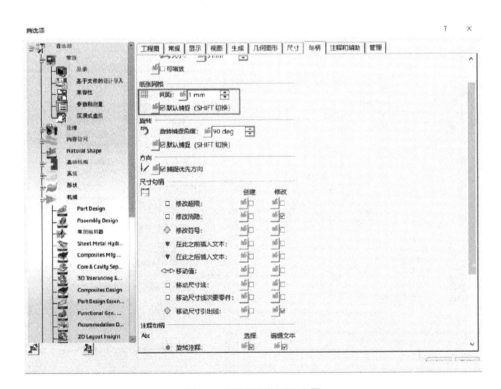

图 9-5 图纸网格显示设置

（6）启用参数覆盖（Overrideparameters）。在有些情况下，用户需要对图纸当中的某些元素进行修改，如将零件投影改为 2D 符号、修改阴影形式、修改点划线形式等，这种修改又是一次性的，不需要对整个图纸的标准或者 GVS 进行修改，在这种情况下，可使用参数覆盖。如图 9-7 所示。

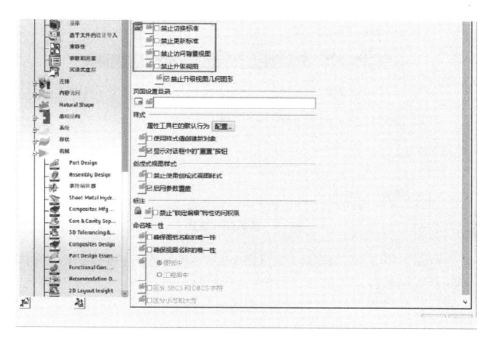

图 9-6 取消工程图切换、更新、升级

图 9-7 启用参数覆盖

右键单击某一图纸当中的视图框,选择属性,出现图 9-8 所示对话框,随后选择 GVS 栏。

图 9-8 覆盖 GVS 参数

点击覆盖 GVS 参数命令后,出现图 9-9 所示的对话框,进行对图纸当中的某些元素单独修改。

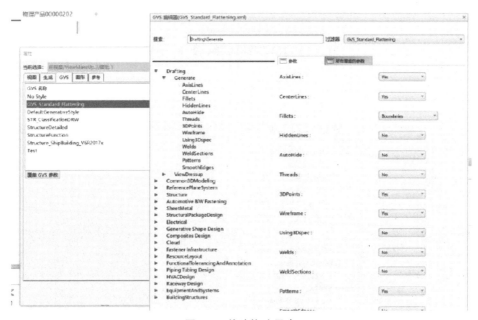

图 9-9 单独修改元素

GVS(GenerativeParameters)可用来定义以何种方式把三维模型投影到图纸中,如可在 GVS 中定义将某一类型的暖通或者电气设备模型在二维图纸中进行二维符号(2DComponent)化替代,而不是将其真实投影投到图纸当中。

设置标准:在使用 CATIADrafting 之前,除了首选项中进行某些设置外,也需要对图纸标准(Standard)进行设置。图纸标准的设置是一个渐进演变的过程,允许在出图过程中根据不同的情况进行调整。

(1) 设置标准的方法

不同用户的标准可能是不一样的，每个客户端电脑的安装目录中都有一个专属于这台客户端电脑的标准，例如：C：\ ProgramFiles \ DassaultSystemes \ B419 \ win _ b64 \ resources \ standard \ drafting，新建的标准都可放在该目录下。如图9-10所示。

图 9-10　标准存放位置

当后期对 drafting 标准的设置非常熟悉之后，可通过 Notepad 直接打开标准的 xml 文件进行设置（以管理员权限打开）。如图 9-11 所示。

图 9-11　xml 文件设置

(2) 下面对 drafting 标准当中一些选项进行说明：

1) 在样式中可对一些图纸元素的默认选项进行修改，如图 9-12 所示。

2) 在常规栏中添加属性中可选的允许项，如图 9-13 所示。

当设置完毕以后，属性中的字体、大小选项就只会出现允许的那几个选项。如图 9-14 所示。

3) 添加新的线型种类，如图 9-15 所示。

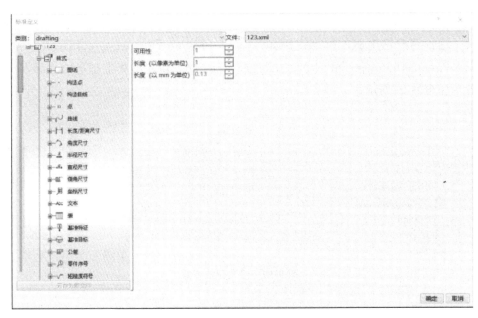

图 9-12 对图纸元素默认选项进行修改

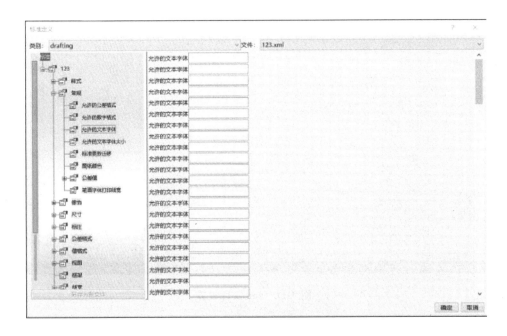

图 9-13 属性中添加可选项

当需打印比例不同的视图时，会出现打印出来的图纸当中的线型不够清晰或理想，需在线型设置里设置新的线型，在生成图纸时可选用自定义线型（见图 9-16），该问题会在最后进行详细讲解。

工程符号：系统有一些自带符号库，可添加一些自定义工程符号（见图 9-17）。

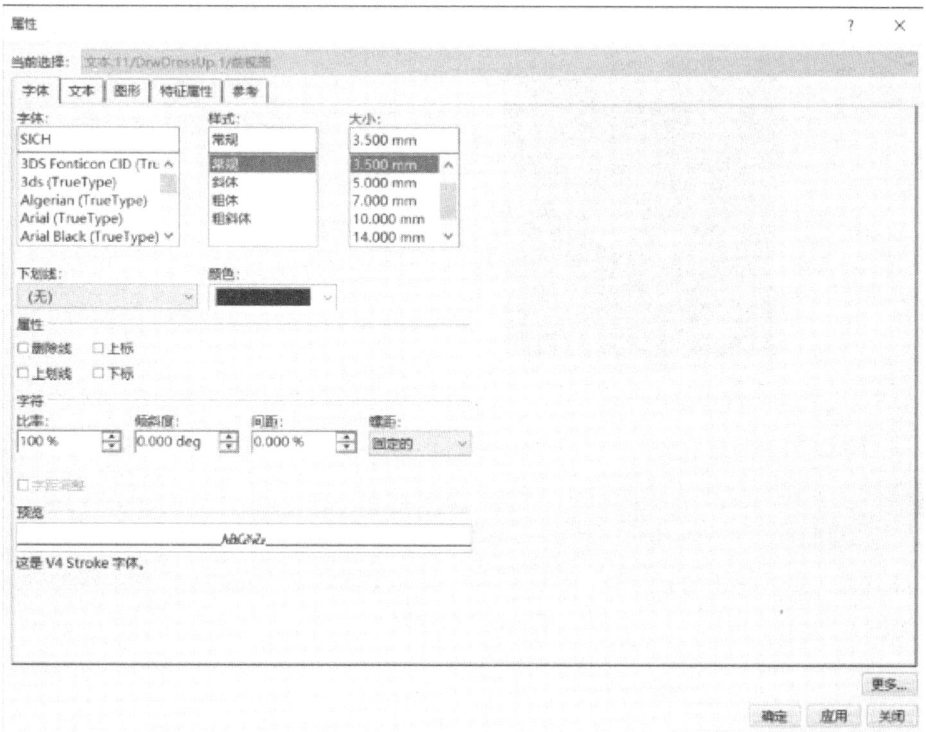

图 9-14 字体设置

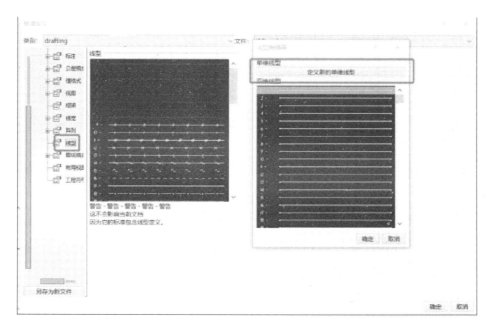

图 9-15 线型设置

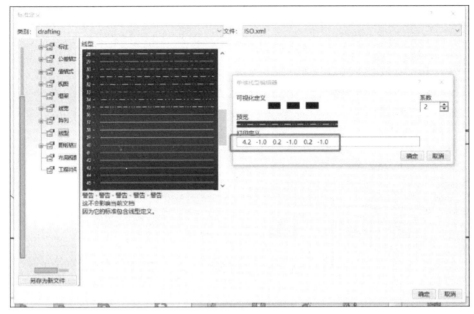

图 9-16 打印定义

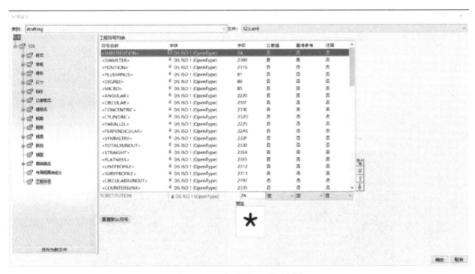

图 9-17 自定义工程符号

自定义工程符号可通过 FontCreator 进行创建，创建完成后，将符号的特定编码在平台中添加自定义工程符号的时候进行添加，则可将该符号添加至库中，如何对标注添加工程符号如图 9-18 所示。

（3）generativeparametersstandard

下面对该标准中的某些选项进行说明：

1）剖切符号订制、打断符号订制在这里可对打断符号的默认线型等进行设置。如图 9-19 所示。

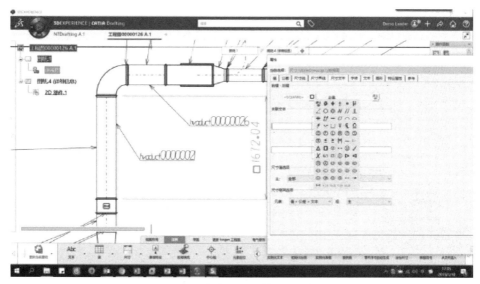

图 9-18 自定义工程符号添加入库

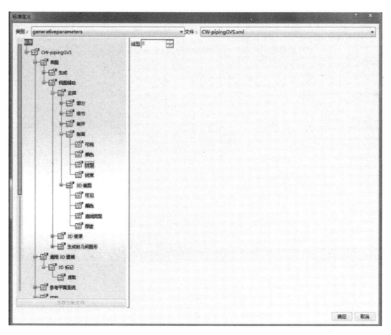

图 9-19 默认线型设置

2) 设置 2D 部件与电气图纸的对应关系

电气图纸中的某些元素如灯具、开关等必须用特定符号进行表示，不能直接使用其真实投影，可通过进行 GVS 定义来解决。如图 9-20 所示。

(4) 将改好的标准保存成文件

当用户对系统默认标准进行改动后，将这个新的标准另存为专属于客户端电脑的标准，以便将该标准复制给其他协同工作者。如图 9-21 所示。

图 9-20　GVS 定义

图 9-21　标准共享使用

如果不是以管理员的身份打开平台客户端，在将标准另存在该文件夹中时，会出现图 9-22 所示的提示。

另外，对于 generativeparametersstandard，一般保存在图 9-23 所示的文件夹中。

图 9-22 另存为提示

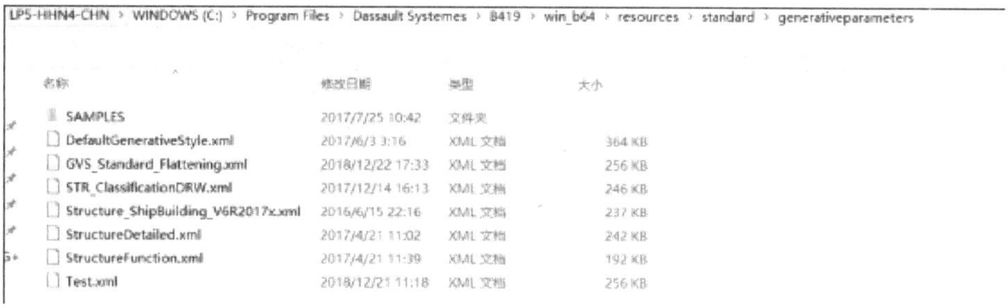

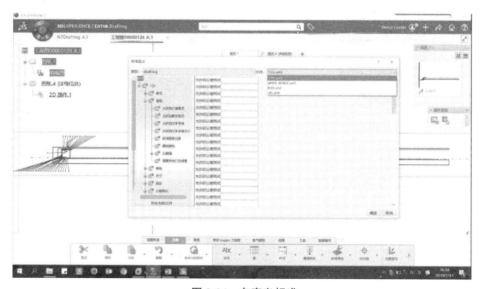

图 9-23 保存文件夹

在完成标准另存为之后,即可在平台的选择标准下拉菜单中找到自定义的标准。如图 9-24 所示。

图 9-24 自定义标准

9.1.3 出图及标注

CATIA 工程制图可以导出各种平面图、立面图、剖面图及三维等轴测视图,并且原模型修改后绘制的图纸也会更新。但其缺陷在于尺寸标注仅限于已约束的尺寸可以自动生成,并且位置不规律,需要手动调整自动产生的约束的位置。或者可以直接在图纸上添加重要尺寸,但此过程十分复杂,同样也可以考虑将模型平立剖面图导出成 CAD 格式,在 CAD 中进行尺寸标注。点击开始→机械设计→工程制图,点击 ▦ (视图) 图标,按住 Ctrl+Tab 键,在零件中选择主视图平面,点击平面,视图会切换到工程制图平面。拖拽该框可以调整图形位置,如图 9-25 所示。

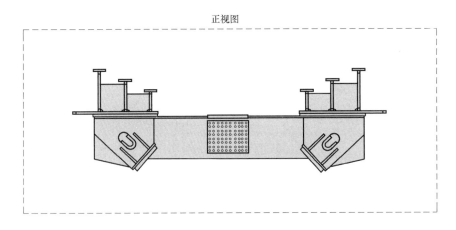

图 9-25 拖拽该框调整图形位置

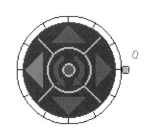

图 9-26 点击按钮调整视图显示位置

点击方向按钮,即可调整视图显示位置。如图 9-26 所示。

点击图纸空白处,即可得到主视图、俯视图、侧视图。如图 9-27 所示。

CATIA 工程出图内包含多种排布方式,可以直接使用预设排布,提高出图效率。如图 9-28 所示。

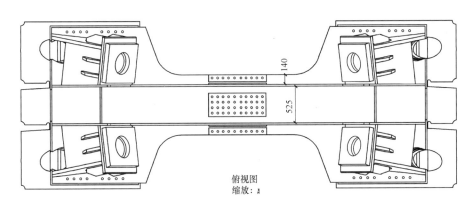

图 9-27 钢锚箱俯视图出图

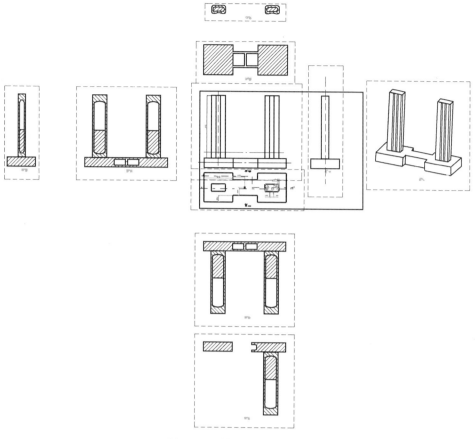

图 9-28 墩柱及承台展开图

点击 图标，按住 Ctrl+Tab 键，选择零件，调整角度，可以三维视图。如图 9-29 所示。

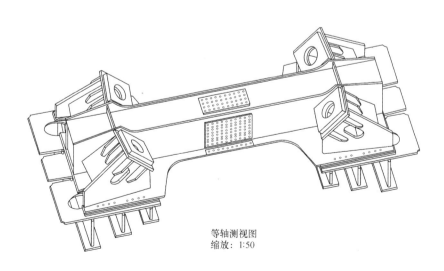

等轴测视图
缩放：1:50

图 9-29 模型三维视图

点击 图标，选择视图半径，选择空白区域，可出详细视图。如图 9-30 所示。

当图内尺寸标注过大或过小时，可以选择尺寸标注，右键选择属性，调整其尺寸文本大小、标注形状符号等。如图 9-31 所示。

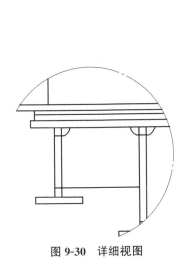

图 9-30 详细视图

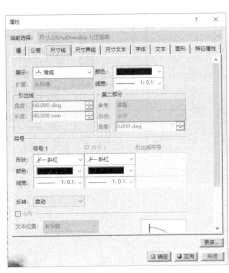

图 9-31 修改尺寸标注属性

标注好尺寸后，可直接将文件另存为 dwg 格式，完成出图。如图 9-32 所示。

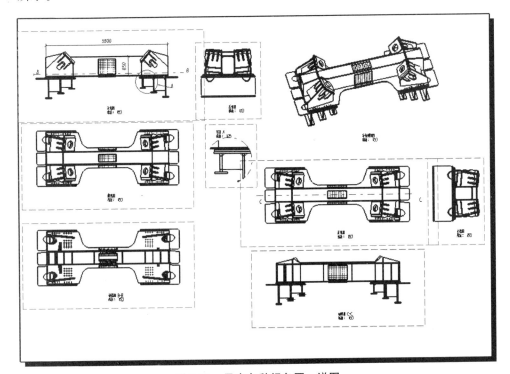

图 9-32 导出各种视角图、详图

9.2 工程量统计

目前 CATIA 在工程量统计方面，关于模型整体可以统计零件个数，材料规格需要建模时输入，比较麻烦。或者可以通过测量得到单一零件数据，再生成设计表，导出成 Excel 表格。钢箱梁桥不同阶段需要的工程数量表参见表 2-16。

当统计几何参数、非几何参数时需要利用宏编写脚本语言才能实现，具体操作如下所述。宏（Macro）是为了实现多任务执行的自动化而组合在一起的一系列命令和指令。宏可以用下列几种脚本语言编写，具体采用哪种脚本语言则取决于操作系统，如 BasicScript 2.2 SDK 适用于 Unix 系统；VBScript（Visual Basic 的脚本语言）适用于 Windows NT 系统；Jscript（Java Script 的一种应用）也适用于 Windows NT 系统。编程访问 CATIA 对象有如下两种方法：一种是进程内的，另一种是进程外的。本节所介绍的零件属性提取的程序采用的是进程内编程访问 CATIA 对象方法，进程内的宏脚本可以兼容 Unix 和 Windows 平台。程序开发采用 VBScript 脚本类型，运行方式为从宏列表对话框中运行。

首先运行 CATIA 软件，新建一个文件，然后进入菜单项中的"Tools"，打开子菜单 Macro 下的 Macros（或用快捷键 Alt+F8 打开），此时出现一个窗口，如图 9-33 所示。

点击"创建"按钮，在宏名称下的编辑框中命名一个宏的名称，如"宏 2"。然后点击"确定"按钮，此时就打开了宏编辑器窗口，如图 9-34 所示。

图 9-33 宏命令打开窗口

图 9-34 宏编辑器窗口

然后在此窗口的文本框内输入宏的代码并且保存，该宏创建完成。

选择需要运行的宏，由于宏既可保存于内部文件，也可保存于外部文件，所以首先在宏窗口左下角的下拉框中选择是内部文件还是外部文件。如果是内部文件，则在宏窗口的文本框中会显示已创建的一系列宏，选择需要的宏，按下 Run 按钮，宏结果就显示于窗口内；如果是外部文件，则选择宏窗口左侧的 Select 按钮，选择宏所在的文件目录，按下 Run 按钮，同样，宏结果也显示于窗口内。

零件自定义属性见表 9-4。

零件自定义属性　　　　　　　　　　　　　　　　　表 9-4

属性	属性说明
零件编号	利用 CATIA 知识工程功能，由零件其他若干属性拼接而成
件号	字符串类型，自定义添加，是区别零件的唯一性的属性，不可重复
名称	字符串类型，零件的名称，自定义属性
材料	字符串类型，零件的名称，自定义属性
规格类型	字符串类型，由零件内部参数经知识工程生成
主要尺寸	字符串类型，由零件内部参数经知识工程生成
备注	字符串类型，自定义添加
类型	字符串多值类型，S:标准件；X:非标准件；C:铸件
重量	默认为空

在宏中添加代码如下：

```
SubTreeIt(sPath) ……
For Each oSubFolder In oSubFolders  //对目录进行遍历直至找到 CATIA 文件
……
Next
For Each oFileIn oFiles ……
For Each product1 in products  //开始添加零件自定义属性
count = count + 1
Set parameters1 = product1. ReferenceProduct. UserRefProperties
Set strParam1 = parameters1. CreateString("件号","")
strParam1. ValuateFromString ""
Set parameters2 = product1. ReferenceProduct. UserRefProperties
Set strParam2 = parameters2. CreateString("名称","")
strParam2. ValuateFromString ""
```

```
Set parameters3 = product1.ReferenceProduct.UserRefProperties
Set strParam3 = parameters3.CreateString("材料","")
strParam3.ValuateFromString ""
Set parameters4 = product1.ReferenceProduct.UserRefProperties
Set strParam4 = parameters4.CreateString("规格型号","")
strParam4.ValuateFromString ""
Set parameters5 = product1.ReferenceProduct.UserRefProperties
Set strParam5 = parameters5.CreateString("主要尺寸","")
strParam5.ValuateFromString ""
Set parameters6 = product1.ReferenceProduct.UserRefProperties
Set strParam6 = parameters6.CreateString("备注","")
strParam6.ValuateFromString ""
Set parameters7 = product1.ReferenceProduct.UserRefProperties
Set strParam7 = parameters7.CreateString("类型","") ……
Set parameters8 = product1.ReferenceProduct.UserRefProperties
Set dimension1 = parameters8.CreateString("重量","")
dimension1.ValuateFromString ""
If count=1 then
Set relations1 = product.Relations
Set formula1 = relations1.CreateFormula("公式.1","",strParam2,"零件编号")
formula1.Rename "公式.1"
End If
Next ……
End Sub
SubCATMain()
Dim vInput
vInput = InputBox("选择工作目录","目录")
If vInput <> -1 and vInput <> "" Then
TreeIt vInput //调用上面 TreeIt 子函数
End If
End Sub
```

自动生成的物料清单如图 9-35 所示。

	A	B	C	D	E	F	G	H	I
1	板件编号	零件编号	厚度（mm）	宽度（mm）	长度（mm）	是否异	重量（kg）	个数	备注
2	D21-1T1	D21-1T1	16	1298.3	4563.8	Y	742.9	1	
3	D21-1T1	S01_I	12	330	4563.7	N	141.9	1	
4	D21-1T1	S02_I	16	180	4253	N	96.2	1	
5	D21-1T1	S03_I	16	180	4248.1	N	96.0	1	
6	D21-1T1	S04_I	16	180	4244.3	N	96.0	1	
7	D21-2T1	D21-2T1	16	1298.3	8051.2	Y	1315.3	1	
8	D21-2T1	S01_I	12	330	8080.4	N	251.2	1	
9	D21-2T1	S02_I	16	180	7575.8	N	171.3	1	
10	D21-2T1	S03_I	16	180	7566.6	N	171.1	1	
11	D21-2T1	S04_I	16	180	7559.7	N	170.9	1	
12	D21-3T1	D21-3T1	16	1298.3	8082.7	Y	1315.5	1	
13	D21-3T1	S01_I	12	330	8082.3	N	251.2	1	
14	D21-3T1	S02_I	16	180	7822.5	N	176.9	1	
15	D21-3T1	S03_I	16	180	7813.1	N	176.6	1	
16	D21-3T1	S04_I	16	180	7806	N	176.5	1	
17	D21-4T1	D21-4T1	16	1298.3	8082.7	Y	1315.5	1	
18	D21-4T1	S01_I	12	330	8082.3	N	251.2	1	
19	D21-4T1	S02_I	16	180	7822.5	N	176.9	1	
20	D21-4T1	S03_I	16	180	7813.1	N	176.6	1	
21	D21-4T1	S04_I	16	180	7806.1	N	176.5	1	
22	D21-5T1	D21-5T1	16	1298.3	8284.9	Y	1348.4	1	
23	D21-5T1	S01_I	12	330	8284.4	N	257.5	1	
24	D21-5T1	S02_I	16	180	8024.4	N	181.4	1	
25	D21-5T1	S03_I	16	180	8014.8	N	181.2	1	
26	D21-5T1	S04_I	16	180	8007.5	N	181.0	1	
27	D21-1T2	D21-1T2	16	3596.5	4547.5	Y	2044.4	1	
28	D21-1T2	S05_U	16	180	4238.2	N	95.8	1	
29	D21-1T2	S06_U_L	9	459	4234.3	N	137.3	1	
30	D21-1T2	S06_U_R	9	459	4229.6	N	137.2	1	
31	D21-1T2	S07_U_L	9	459	4224.4	N	137.0	1	
32	D21-1T2	S07_U_R	9	459	4219.7	N	136.8	1	
33	D21-1T2	S08_U_L	9	459	4214.4	N	136.7	1	

图 9-35　自动生成物料清单

9.3　碰撞检查

基于前面章节演示建模得到的构件，演示碰撞检查的使用过程。打开产品文件，点击 （碰撞）按钮，弹出图 9-36 所示对话框。

图 9-36　碰撞检查类型

选择需要碰撞检查的范围，点击应用，碰撞检查即会出现在左侧选择树最后的应用中，可重复调用。如图 9-37 所示。

只要存在碰撞、接插件、间隙，就表示建模不够精确，需要在所选模型中进行检查。另外，可以根据碰撞的类型及碰撞构件进行分析，得出造成碰撞的原因，在以后的建模中规避一些错误的建模操作。在建模、装配过程中也可以通过使用碰撞检查随时检查是否有模型构件相碰撞，越早发现模型碰撞，越能减少后期返工工程量。可以将碰撞检查的结果导出为多种格式，常导出为 txt 格式，方便 Excel 打开修改并保存。如图 9-38 所示。

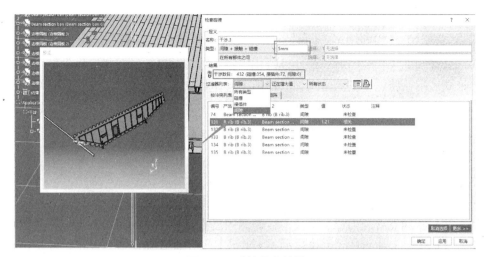

图 9-37　碰撞检查结果

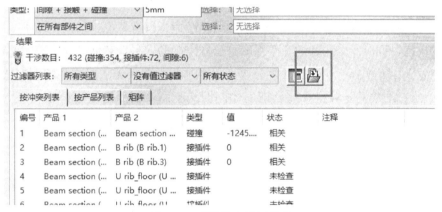

图 9-38　碰撞检查结果导出

9.4　钢结构加工 BIM 应用

9.4.1　简介

CATIA 参数化建模是相比其他建模软件的一大优势功能。它通过提取模型中特定点的位置及几何尺寸等信息作为自定义变量，用于构建包含多个参数的几何公式，用以表达模型的形状特征。对于曲线桥梁采用 CATIA 独有的函数计算模式——最小二乘法进行曲线拟合。在参数化建模过程中，通过改变某些自定义变量的大小，可灵活调整模型的几何形状及结构特征，使得建模过程更加灵活和智能。CATIA 同样具有强大的指导钢结构加工能力，由于钢桥往往存在大量曲面结构，使用创成式曲面模块可将曲面展开为平面，将实体转换为板，避免近似处理的偏差。展开后的平面为大型曲面板件提供了可靠的下料依据。将实体展开后，基于软件强大的仿真分析能力对排版情况进行模拟，通过对比上百种排布方式得到钢材的最优利用率，同时各板件经过三维虚拟预拼装，可避免干涉或间隙。在得到最优排版图后，软件可将排版图中的切割路径参数化，以坐标、矢量等形式表示，将这些信息输入到数控加工机即可指导机床切割。在将切割好的板件进一步加工成型阶段，软件可直接导出三视图，通过人工添加焊缝坡口等工艺信息后即可指导构件加工成型。具体加工工艺流程参见本书第3.4.6节。

9.4.2 应用优势总结

（1）节省时间：相比传统方法，基于三维模型的出图能减少大量人工放样时间，并且相同类型的模型可做成模板，调用后直接导出工程图，可直接导入数控切割机加工，方便快捷；三维模型全参数化控制，能快速适应新项目；首次建模约需一周时间，参数控制模型适应新项目需 2~3d，与传统方法相比可大幅度提高工作效率。

（2）提高精度：二维图纸中绘制的结构图通常没有考虑到结构实际拼接所需要的空间，同时一个构件的几个视图是分开绘制的，一旦某处尺寸出现问题也难以察觉，因此实际生产施工常常会遇到很多细节与图纸无法对应的问题。CATIA 中的三维建模能够很好地处理上述问题，不同平面的图纸与模型相互关联，只要模型正确图纸尺寸便不会出现问题，同时三维曲面直接展开成平面图，在平面图中可直观看到拼接处细节，避免近似处理的偏差；各板件经过三维虚拟预拼装，可在很大程度上减少干涉或间隙。

（3）快速下料：由于原来所有构件都由设计人员设计，在曲线形桥梁中，加劲肋等截面尺寸变化的构件都只是设计出尺寸的变化范围，并不能精确到具体每一个构件的尺寸。而三维建模过程中每一个构件的尺寸都由参数控制，因此可以得到各个部件的精确位置尺寸信息，从而能够快速地得到材料明细表，为提料提供精确依据，减少提料时的预留量。

（4）提高钢材利用率：在钢材排布及下料过程中，传统方法采用手工排料，在母材上优先排布大板件，对于大型项目人工排布方法无法全面考虑，在本桥中，人工排布方法钢材利用率为 92%，而利用 CATIA 软件自动优化板件排布，钢材利用率可达 94%，有效提高了钢材利用率。

（5）自动化加工：传统加工方法采用根据套料图在母材上描绘切割路径，然后按照切割路径人工进行切割，而 CATIA 软件在生成套料图的同时自动生成NC 加工代码，将加工代码输入数控加工机即可对钢材进行自动化裁切。人工切割方法存在人为操作误差，而且需要人工描绘切割路径，精度不高且效率偏低，而 NC 加工代码指导数控加工的方法，能实现切割全过程的自动化，在保证精度的同时提高了加工效率。

（6）便于构件管理：在参数化建模时，对每个构件以唯一代码进行标识，同时追溯到每个构件所在板材的炉批号，这些信息都存储在 BIM 模型中，在钢材加工及安装过程中，每个构件的位置都能实时追踪到，可实现构件从生产到加工到安装完成的全过程跟踪管理。

9.5 数字化预拼装、施工技术

9.5.1 数字化预拼装技术

数字化预拼装是指通过三维检测设备采集实物构件结构点位、几何尺寸、三维面域等相关信息，经相关软件处理形成实体模型，该模型与设计模型对比分析，再把相邻两个或多个构件的对比分析结果进行同坐标系下的误差分析，得出构件单体误差以及构件间的相对误差。由于该过程中需采集、分析三维数字化信息，而且省略了实体预拼装过程，所以也称虚拟预拼装。数字化预拼装技术通过计算机中钢结构构件的数学模型与实物生产构件的检验检测结果进行虚拟对比拼装，将复杂单构件的检验和多构件的虚拟拼装替代了传统的实物现场拼装过程，不仅提升了拼装检验效率，而且降低了实物拼装所消耗的场地、设备、人员、工期、材料等相关事项的成本。

我国钢结构行业发展迅猛，并且行业对钢结构建造工程的质量、周期、标准、成本等要求越来越高。现阶段，国内钢结构行业主体采用实体预拼装，虽然可靠性比较高，但成本非常大。与实体预拼装相比，数字化预拼装能更大地节约成本、缩短工期，尤其对于大型复杂和施工环境恶劣的工程效果更加明显。这样，"无余量""数字化""信息化"等精度理念成功引入其他钢结构行业领域，并且探索其特有的建造方式、检测手段、拼装方式，形成一套先进、完整的检测及拼装管理系统，即数字化预拼装技术。

在三维分析软件中，以单个构件模型建立实物建造时的局部坐标系，测量数据与模型数据对比，得出局部坐标系下的偏差；将多个构件的分析结果导入模拟预拼装软件中，软件自动将局部坐标系转化为设计坐标系，同时每个构件的局部坐标系偏差也相应转化成设计坐标系下的偏差，最终得到相邻构件间同一测量点位的相对偏差，即模拟出建造构件拼装时的实际误差，其流程如图 9-39 所示。

钢结构行业内较成熟的检测设备主要有全站仪、三维激光扫描仪、近景摄影测量系统等。针对不同检测对象及精度要求，选择适合的检测设备。

全站仪能自动测量角度和距离，并能按一定的程序和格式将测量数据传送到数据采集器，可以将测量数据直接导入计算机处理或导入自动化数据绘图处理系统；与传统方式相比，省去了大量的中间人工操作环节，使劳动效率和经济收益明显提高；通过全站仪的机载程序二次开发测量功能，测量人员可以方便地获取构件的空间几何信息，包括空间拟合、坐标转换等算法解算。全站仪三维检测主

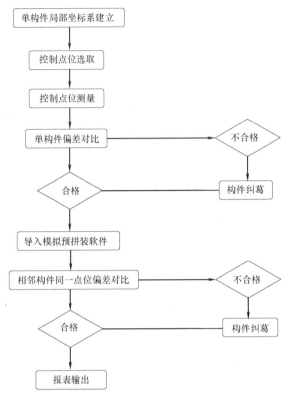

图 9-39 大型复杂钢结构数字化预拼装流程

要应用于结构监测、工业检测、工程测量、地形测绘、隧道工程、铁路工程。三维激光扫描技术从单点测量进化到面测量，其系统包含数据采集的硬件部分和数据处理的软件部分，在文物古迹保护、建筑、规划、土木工程、工厂改造、数字城市等领域有了很多的应用；应用扫描技术测量工件的尺寸及形状等原理来工作，主要应用于逆向工程，快速测得物体的轮廓集合数据并加以建构，编辑生成通用输出格式的曲面数字化模型。三维激光扫描主要应用于文物保护、城市建筑测量、地形测绘、采矿业、变形监测、工厂、管道设计、飞机制造、公路铁路建设、隧道工程。

9.5.2 施工过程模拟

大型复杂钢结构的施工过程是一个结构体系及其力学性态随施工进程非线性变化的复杂过程，是一个结构从小到大、从简单到复杂且体系和边界不断变化的成长过程。结构体系在每一阶段的施工进程中，都可能伴随有结构边界条件的变化（边界约束形式、位置及数量随时间变化）、结构体系的变化（结构拓扑及结构几何随时间变化）、结构施工环境温度的变化及预应力结构中预应力的动态变化等。在这一过程中，也可能出现几何非线性（如大位移、大转角，甚至有限应变）、边界条件非线性（如随时间变化的接触边界条件）、材料非线性等现象。结构体系在每一施工阶段中的力学性态（如内力和位移），必然会对下一施工阶段甚至所有后续施工阶段结构的力学性态产生不可忽略的影响。

对施工过程的模拟计算，既涉及施工过程中吊装构件的模型及其动力学理论、非完整结构体系的模拟方法和非线性力学理论，也涉及施工过程中对不断变化的结构模型进行修正的理论与技术。因此，如何合理、准确地模拟施工过程中各个施工阶段结构体系的变化过程，如何正确且准确地预测结构在不同施工阶段的非线性力学性态和累积效应，如何控制施工过程中结构应力状态和变形状态始终处于安全范围内，并使成形结构的构型与内力达到设计要求且结构本身处于最优的受力状态，是目前大型复杂钢结构体系合理且安全施工所迫切需要的理论与技术。

现阶段采用的结构模拟技术和分析方法主要是应用于固定的结构体系（结构几何体系、边界条件、荷载及环境条件均不随时间变化），对于施工过程中几何体系、边界条件、荷载及环境条件不断随时间变化的结构体系，往往无法进行正确的模拟与分析。因而，只有全面、准确地考虑结构体系在施工过程中的变化特征以及可能出现的非线性因素，建立合理的施工结构体系模型理论和分析方法，才能较为准确地预测施工过程中结构体系的力学性态。这些结构力学性态的可靠预测，既是实现大型复杂钢结构体系经济合理施工的必要条件，也是施工过程安全的重要保障。

对于大型复杂钢结构，在其施工过程中主要需要分析以下内容：
（1）结构施工单元的划分及其力学性态。
（2）施工过程中临时支承系统的布置及其对结构力学性态的影响。
（3）大型构件或结构单元在吊装（或滑移、提升）过程中的动力学性能。
（4）结构构件的内力和变形随着结构形体增长的累积变化。
（5）结构在施工过程中的稳定性。
（6）张拉结构或预应力结构中预应力的施加与控制。
（7）施工用临时支承结构的拆除顺序与控制方法。
（8）施工过程中温度的影响及控制。
（9）施工过程中结构边界条件的可能变化及其他非线性影响因素。
（10）结构实际内力及变形与理论设计状态的差异。

9.5.3 施工监测与控制

不同的施工技术会对大型复杂钢结构产生不同的力学问题，因此，施工模拟分析是结构设计的重要环节。然而，结构数值分析模型通常是以设计图和规范标准为依据，较为理想化，材料、几何条件、边界条件等因素的不同，使得数值分析结果与结构实际状况存在差异。为了把握现场结构的实际受力状况，有必要针对大型复杂钢结构进行施工监测工作。

施工监测是指通过监测技术手段对施工过程中的主要结构参数进行实时跟踪，掌握其时程变化曲线，以便掌握控制施工质量、影响施工安全的关键因素在施工过程中的发展变化状态，并对下一步施工方案进行预判和调整，以保证整个施工过程的顺利完成。

图 9-40 给出了施工监测控制的基本流程，主要包括施工过程模拟、施工过程监测及施工过程调控。施工过程模拟是利用有限元分析软件考察结构在整个施工过程中的受力和变形情况，获取各关键参数的理论计算数值，为施工过程监测的参数选取提供依据。施工过程监测是对重要的结构参数进行监测，从而获得反映实际施工状态的数据和技术信息，实时处理实测数据并用来修正计算模型，根据对监测数据处理的结果和修正后模型计算的结果，对施工路径进行合理的评估并修正或调整从而达到施工过程安全与顺畅控制的目的。施工过程调控是根据评估结果，判断是否需要进行方案调整，并根据修正后的模型确定合理的施工路径，指导施工方案的调整工作。

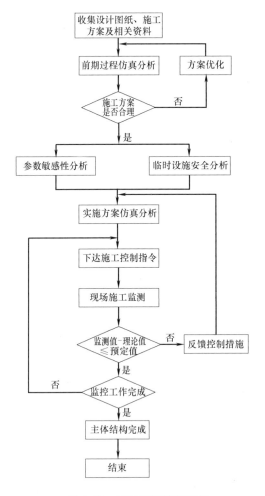

图 9-40 施工监测控制流程

9.6 CATIA V6 在深化加工详图中的应用

9.6.1 基本特点

(1) 自上而下的设计理念。

在 CATIA 的设计流程中，采取"骨架线＋模板"的设计模式。首先通过骨架线定义建筑或结构的基本形态，再通过把构件模板附着到骨架线来创建实体建筑或结构模型。通过对构件模板的不断细化，就能实现 LOD 逐渐深化的设计过程。而一旦调整骨架线，所有构件的尺寸可自动重新计算生成，极大地提高了设计效率。

(2) 强大的参数化建模技术。

在 CATIA 的设计环境中，具有强大的参数化设计能力。设计师只需要确定基本造型特征，并描述构件之间的逻辑关系，软件便可以自动根据逻辑关系生成参数化的模型细节。当造型特征发生变化时，软件也将自动根据逻辑关系去更新参数化的模型。因此，CATIA 具有在整个项目周期内的强大修改能力，即使是在设计的最后阶段也可进行重大的修改。

(3) 与生命周期下游应用的集成。

由于 CATIA 和 DELMIA、ENOVIA 等产品都基于统一的 3DEXPERIENCE 平台，所以 CATIA 的数据能够直接进入到生命周期下游应用的各个模块。三维模型的修改，能完全体现在有限元分析、虚拟施工、项目管理等流程中。

(4) 良好的二次开发扩展性。

在新的 3DEXPERIENCE 平台上，达索系统开发了一系列专用于建筑、土木行业的全新模块，例如针对概念设计的 CATIABuildingSpacePlanning 等。

9.6.2 出加工图的优势

传统 CAD 模式进行钢箱梁施工详图设计的难点有：
(1) 很难准确表达三维空间曲面结构；
(2) 对复杂三维模型表达不够清晰；
(3) 效率非常低；
(4) 无法验证设计的准确性。

CATIA 软件作为 3DEXPERIENCE 平台的核心产品，适合于复杂造型、超大体量等建筑项目的概念设计，其曲面建模功能及参数化能力，为设计师提供了丰富的设计手段，能够实现空间曲面造型、分析等多种设计功能，帮助设计师提高设计效率和质量。在曲线钢箱梁加工出图方面，相较于传统二维设计，其优势在于：

(1) 建模方面：大大提升效率，支持整体建模、复杂曲面建模。

参数化建模：同一节段在不同位置可重复利用，并可考虑拱轴线、桥梁中心线联动，预拱、钢箱梁超高函数及相关问题，得到完整的三维模型，并且建模效率大大提升。

1) 可进行整体建模并实现复杂曲面建模；

2) 三维模型表达复杂曲面一目了然。

(2) 出图方面：自动批量出图，曲面直接展开，避免干涉、间隙。

1) 由三维模型实现拆解，按照加工工艺要求分解到板件，并自动批量出图（需人工标注工艺要求）；此项可节约详图人工费 1/2~2/3；

2) 三维曲面直接展开，避免近似处理的偏差；各板件经过三维虚拟拼装，避免干涉或间隙；

3) 可根据用户需要输出详图及单元布置图。

(3) 加工方面：精确下料，提高材料利用率。

1) 将上一步生成的零件图进行优化套料，能够精确下料，避免材料浪费；拼装时，由胎架控制板件扭曲成型；

2) 软件智能排版，可自动优化板件利用；支持多零件、多母材混合优化；每一零件以唯一代码标识；

3) 快速得到材料明细表，为提料提供精度依据，大板件的精度轮廓可以减少提料时材料量等。

CATIA 对各种类型的桥梁进行三维建模的优势见表 9-5。

CATIA 对各种类型的桥梁进行三维建模的优势 表 9-5

序号	桥梁类型	CATIA 的优势
1	混凝土简支梁桥	1. 参数驱动桥梁线型修改、道路中心线驱动道路边线修改； 2. T 梁与其支座位置联动修改、根据地形调整桥墩高度、钢筋根据轮廓自动批量生成； 3. 结构可转换为模板，便于二次利用； 4. 前序设计自动修改后序设计
2	混凝土连续梁桥	1. 参数驱动桥梁线型修改、道路中心线驱动道路边线修改； 2. 利用方程定义预应力筋位置、钢筋根据轮廓自动批量生成； 3. 结构可转换为模板，便于二次利用； 4. 前序设计自动修改后序设计
3	混凝土拱桥	1. 拱轴线与截面草图独立修改，二者驱动三维模型； 2. 上承式拱桥可随拱轴线调整腹拱、下承式拱桥可随拱轴线调整吊杆； 3. 给定布筋规则，钢筋可自动更新，无需手动修改； 4. 结构可转换为模板，便于二次利用； 5. 前序设计自动修改后序设计

续表

序号	桥梁类型	CATIA 的优势
4	钢管拱桥	1. 上承式拱桥可随拱轴线调整腹拱、下承式拱桥可随拱轴线调整吊杆； 2. 细部钢结构模板化,可指定钢管、吊杆等对象自动调整； 3. 横向平联可按一定规则自动生成； 4. 结构可转换为模板,便于二次利用
5	钢桁架拱桥	1. 给定规则,按组生成弦杆、腹杆、平联等； 2. 连接件、螺栓可制作成模板,根据所连接的杆件自动生成； 3. 钢结构模型可被达索分析软件无损利用,如 ABAQUS 等
6	钢桁架梁桥	1. 给定规则,按组生成弦杆、腹杆、平联等； 2. 连接件、螺栓可制作成模板,根据所连接的杆件自动生成； 3. 钢结构模型可被达索分析软件无损利用,如 ABAQUS 等
7	斜拉桥	1. 给定定位点、参数,自动生成拉索； 2. 钢箱梁按照箱室数量制作成模板,后续同类型钢箱梁可通过修改参数建模； 3. 对于复杂钢结构,如索鞍、异形桥塔等,具有强大的建模能力； 4. 可对钢锚梁、钢箱梁的组件进行模块化,然后根据具体的顶板、锚板尺寸生成组件； 5. 钢结构模型可被达索分析软件无损利用,如 ABAQUS 等； 6. 对于大批量而有细微区别的结构,可以利用 EKL 脚本批量生成,如钢锚梁
8	悬索桥	1. 索夹、吊索模型可与主缆自动适应,避免不匹配的情况； 2. 对于大批量而有细微区别的结构,可以利用 EKL 脚本批量生成,如索夹； 3. 钢箱梁可制作成模板,后续同类型钢箱梁可通过修改参数建模； 4. 对于复杂钢结构,如索鞍、异形桥塔等,CATIA 具有强大的建模能力

9.6.3 施工详图出图流程

1. 钢箱梁深化设计概述

钢箱梁深化设计是依据原设计（一次设计）图纸，利用 BIM 软件 1∶1 建立与工程实际完全相符的钢箱梁 3D 全真模型，在钢箱梁建模过程中综合考虑制作、安装、土建、运输、机电、给水排水、暖通等各专业的要求与联系，最后生成满足钢箱梁采购、运输、制作、安装等各方施工需求的钢结构相关专业报表和细化图纸，即钢箱梁深化设计（二次设计）。

2. 钢箱梁深化设计的意义

钢箱梁深化设计是联系设计院和施工单位的桥梁，是项目进展的助推剂，是各专业技术整合的纽带，同时也是工程管理和商务运作的技术基础，对材料采购控制、施工工序控制、施工工期控制、施工精度控制和施工安全控制等方面有着重要的作用。

3. CATIA 建模的工具

（1）路桥专业三维建模工具——专业的路桥建模工具；

（2）EKL 脚本批量建模方法——CATIA 特有的编程语言，帮助工程师高效、精确建模；

（3）碰撞检查；

（4）三维出图工具——可以批量导出 CAD，进行二维表达。

4. 施工详图流程（以某匝道钢箱梁为例）

（1）根据曲线钢箱梁特点，在考虑了平曲线、竖曲线、预拱后批量快速建立钢箱梁模型。如图 9-41～图 9-43 所示。

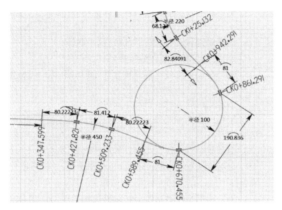

图 9-41 平曲线绘制

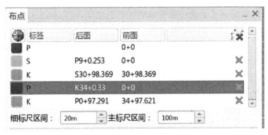

图 9-42 桩号布点

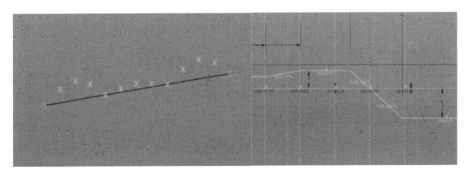

图 9-43 超高定义与预拱定义

（2）复核三维模型。

（3）根据节段划分要求，自动考虑节段分块逻辑，实现曲线钢箱梁节段划分，并自动进行树形结构分解（匝道、联、节段、块、单元、板）、标准编码、附加属性。如图 9-44～图 9-46 所示。

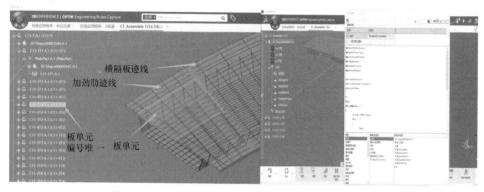

图 9-44　EKL 脚本生产三维模型（考虑节段划分后）

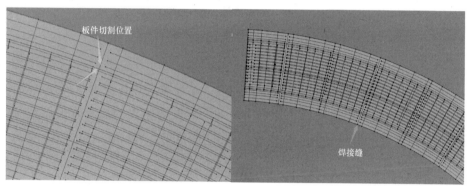

图 9-45　EKL 脚本建模的优势

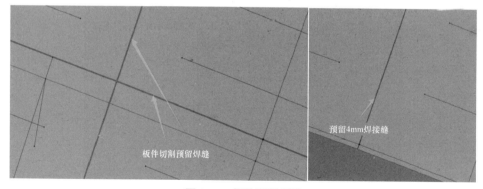

图 9-46　板件预留焊缝

每联只需运行一次脚本以提高效率。

1）同一种类型的桥梁只需同一套 EKL 模板，模板利用率高（只需修改板件长度、宽度等参数）、工作效率高；

2）考虑了钢箱梁的节段及单元划分，准确表达设计意图；

3）准确表达横隔板与顶底腹板的空间关系。

（4）复核分解后的三维模型。

(5) 三维模型碰撞检查,如图 9-47 所示。

通过碰撞检查发现设计图元之间的冲突,并用于施工图中加以修正,降低传统 2D 设计模式的错、漏、碰、缺等现象的出现,提高施工效率和质量,缩短工期。

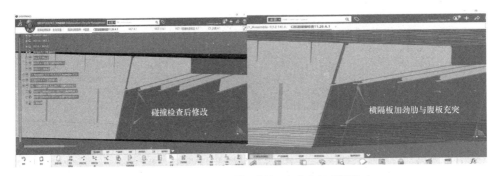

图 9-47 本项目中对横隔板加劲肋进行碰撞检查

(6) 曲面板件自动展开,用于提料以及详图。

由于桥梁都存在超高、平曲线、纵曲线,导致顶底腹板成为空间扭曲曲面,CATIA 独有的创成式曲面模块提供了将曲面展开为平面的工具(见图 9-48),展开后的平面为大型曲面板件提供了可靠的下料依据,拼装时,由胎架控制板件扭曲成型。

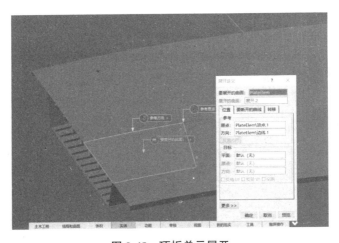

图 9-48 顶板单元展开

(7) 生成提料图与表,对于规则的用表来表达,对于不规则的用表加图来表达。

脚本批量提取顶板板单元、底板板单元、腹板板单元、横隔板及加劲板的宽度、长度、板件重量,汇总至表格(见图 9-49),且根据用户需求,自动判断是否为异形板件。

(8) 复核提料图表。

图 9-49 脚本生成提料清单

（9）在上述模型中自动包括出图相关辅助信息，用于自动化出图辅助。

（10）按规则生成加工详图所需要几何外形以及辅助线形。

（11）补充以及完善标注。

（12）完成曲板矢高图。

CATIA 可以通过提取曲面板件控制点局部三维坐标，得到曲面板件矢高图，方便加工定位、安装。如图 9-50、图 9-51 所示。

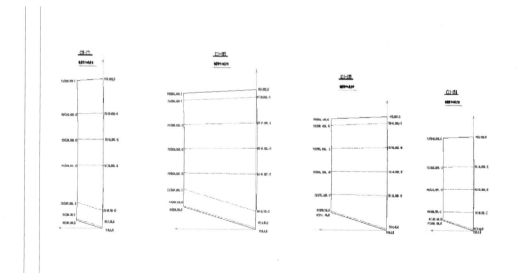

图 9-50 导出的 CAD 施工图

（13）完成胎架图纸，如图 9-52 所示。

（14）完成节段图纸。

（15）完成主梁安装图纸。

（16）复核图纸，如图 9-53 所示。

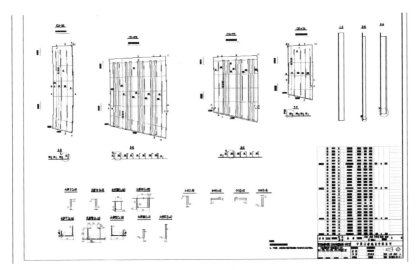

图 9-51　矢高图

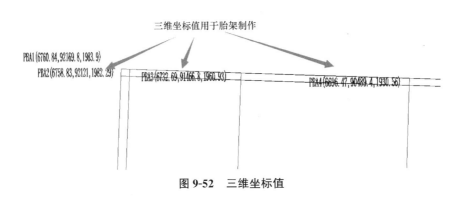

图 9-52　三维坐标值

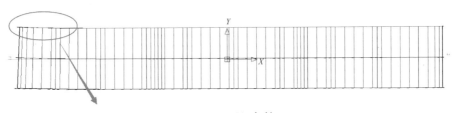

图 9-53　图纸复核

9.6.4　出图系统使用介绍

（1）钢结构加工详图的 BIM 模型数据量大，有 3D 几何信息，有板件和构件图纸，分别分散在不同的实例化零件中，如果手动更新和导出这些图纸将会产生大量的工作量，此系统基于 C++进行编写 CATIA 二次开发进行批量更新和提取分散在各个零件中的图纸，大大提高了生成效率。

1）系统功能

该系统是基于图纸的批量导出，通过物理产品最高层级的 ID 号批量查找图纸并把模型更新到与当前模型相匹配予以保存。再把更新保存的图纸发布出来，后台通过调用服务器导出发布的图纸。系统应用有如下功能：图纸批量查找、图纸自动更新、图纸自动保存、图纸发布、图纸导出。具体操作如下：

① 打开环境文件编辑器，选择全局变量，点击环境→新建自…。如图 9-54 所示。

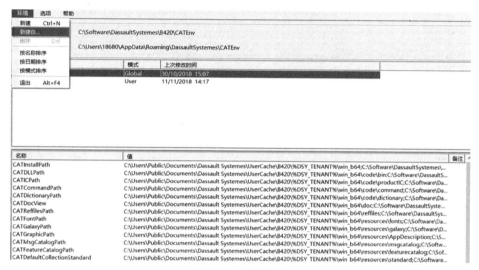

图 9-54　新建环境

② 勾选：将新路径添加到此环境，并把运行包所在的路径复制到新路径。如图 9-55 所示。

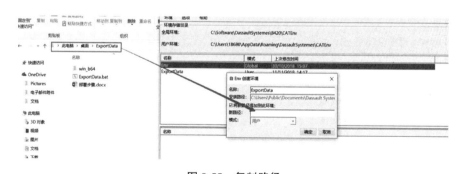

图 9-55　复制路径

③ 点击确定，并查看新环境信息。如图 9-56 所示。

④ 创建导出文件夹，默认为 E：\ ExportDataToDXF，可自定义。将以上配置的信息填入 bat 中。如图 9-57 所示。

2) 图纸批量导出

通过物理产品最高层级的 ID 号批量查找图纸（见图 9-58），大大缩减人工查找时间。

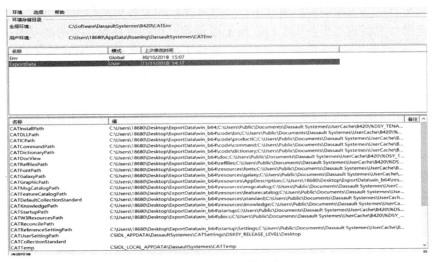

图 9-56 查看新环境信息

图 9-57 将配置信息填入 bat

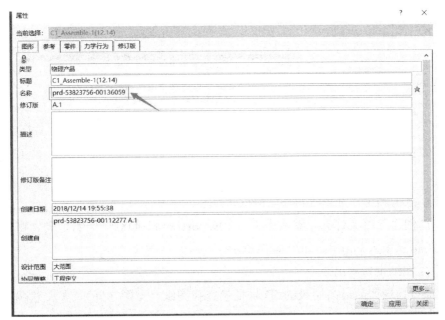

图 9-58 通过 ID 号查找图纸

图纸自动更新及保存。如图 9-59 所示。

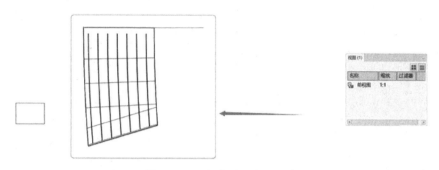

图 9-59　图纸自动更新及保存

找到图纸后，把图纸更新到与当前模型相匹配并对其进行保存。如图 9-60 所示。

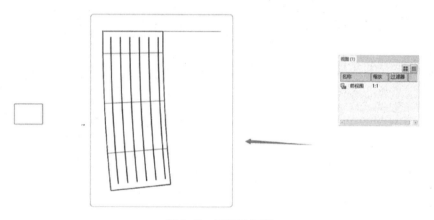

图 9-60　匹配后保存

图纸更新保存过后，把更新的图纸发布到服务器上。如图 9-61 所示。

后台调用服务器，导出发布的图纸。如图 9-62、图 9-63 所示。

（2）基于 CAD 的二次开发

目前设计单位交付的成果除了精确的 CATIA 模型外还包括按业主要求格式的 CAD 图纸，目前系统采用的 drafting 模块能准确快速地导出二维图纸，但是也有一些内容不能满足实际生产的要求。根据实际情况系统通过 CAD 二次开发对导出的图纸成果进行批量化、智能化处理和修改，节约了人力、提高了效率。

1）自动将板件图形封闭成面域。

CATIA 导出的板件尺寸精度很高，误差控制在 1mm 以下，但是板件轮廓会出现不连续的情况，虽然误差小于 1mm 但是不能形成面域，会对后期的套料工作产生障碍。为了解决这一问题系统进行了基于 CAD 的二次开发，将 CATIA 导出的板件轮廓批量消除微小误差形成封闭轮廓，扫除了 CATIA 导出板件进行快速套料的障碍，大大提高了效率。

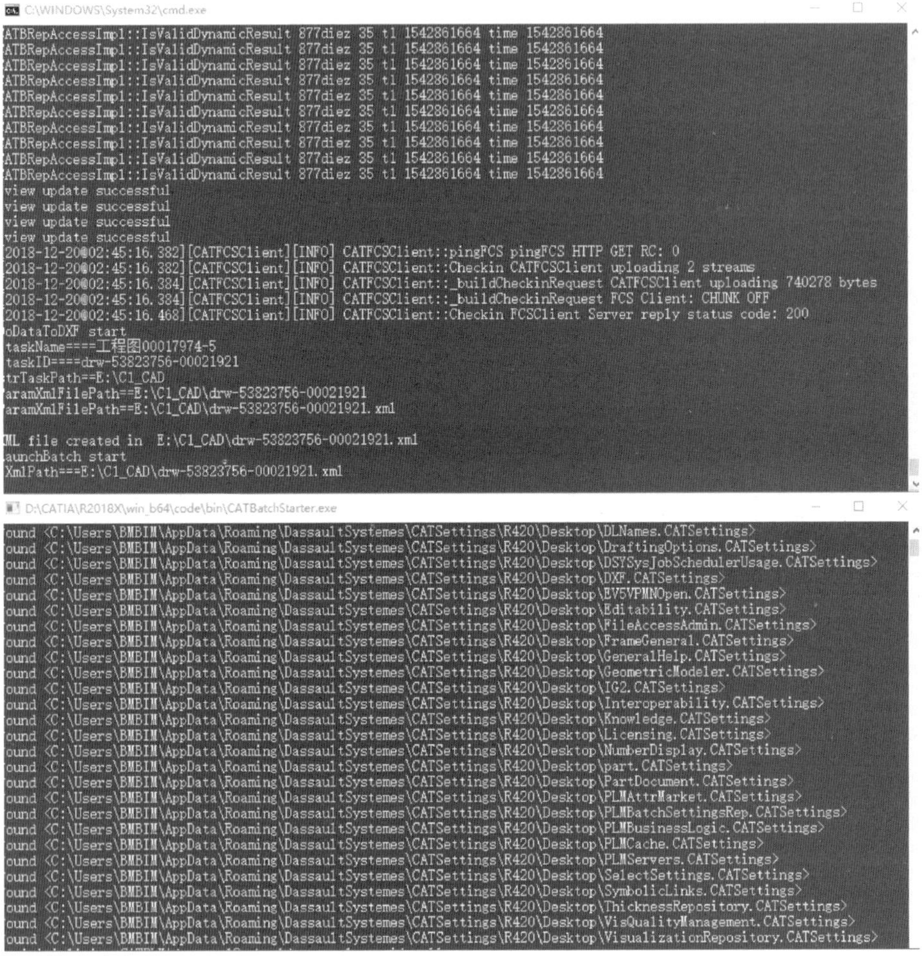

图 9-61 图纸发布

图 9-62 后台调用服务器

加载插件如图 9-64 所示。

运行插件，选择要处理的文件。如图 9-65 所示。

查看处理结果，如图 9-66 所示。

自动处理误差，如图 9-67 所示。

图 9-63 打开发布的图纸

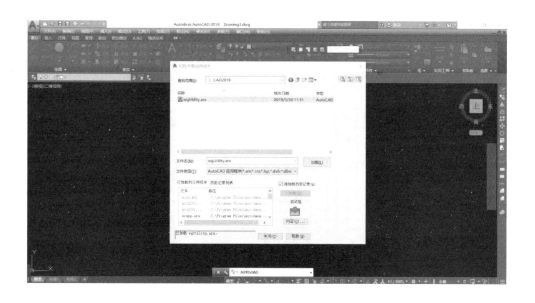

图 9-64 加载插件

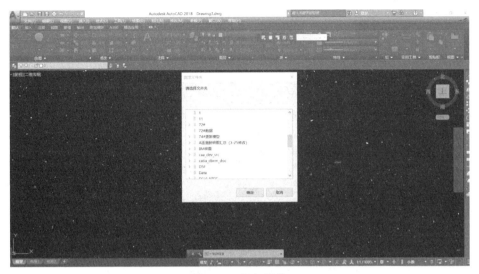

图 9-65　运行插件

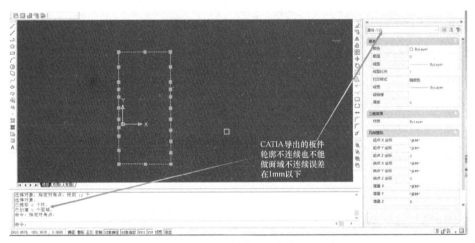

图 9-66　查看处理结果

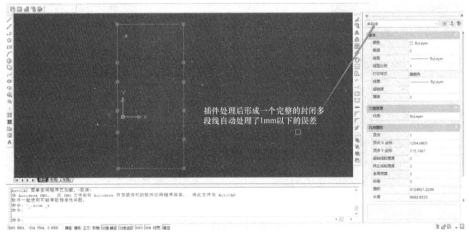

图 9-67　自动处理误差

2) 对板件进行自动尺寸标注和文字标注。

对于一些复杂的板件，目前 drafting 模块的图纸更新功能不能使模板中的图纸标注随之更新，只能导出板件轮廓图形，然后在 CAD 中进行标注等完善成图，这样效率就有很大的提升空间。对此问题一方面研究在 CATIA 中如何解决，另一方面通过 CAD 二次开发，根据板件轮廓的几何信息自动生成标注等图纸要素，快速成图。

本插件采用 lisp 语言生成可执行文件 *.VLX，打开 CAD 通过菜单工具栏的加载应用程序即可加载。如图 9-68 所示。

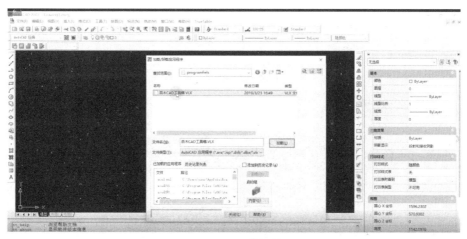

图 9-68 安装插件

运行时既可通过快捷键运行插件，也可通过菜单点击运行插件。如图 9-69 所示。

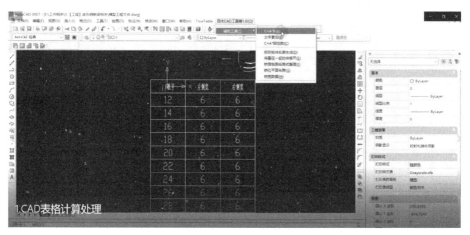

图 9-69 运行插件

为了提高效率，插件的输入力求简单快速，由于 CATIA 输出的轮廓线尺寸非常准确，插件就采用框选板件轮廓线得到数据信息的方法。如图 9-70 所示。

图形的输入格式和内容要按照业主的具体要求而定。如图 9-71 所示。

处理后的图纸如图 9-72 所示。

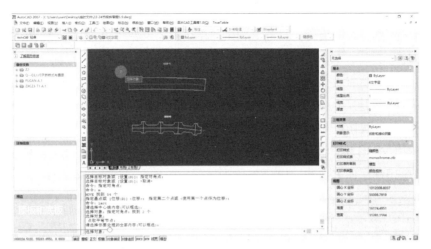

图 9-70 参数输入

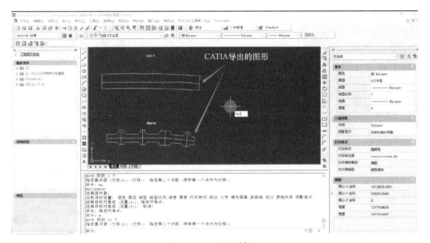

图 9-71 图形输入

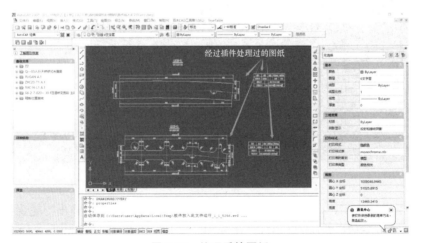

图 9-72 处理后的图纸

附录 A 桥梁工程信息分类与编码表

(1) 桥梁技术标准（见附表 A-1）

桥技术标准信息编码　　　　　　　　　附表 A-1

编号	第 1 级	第 2 级
01.01	公路功能等级	
01.01.01		主要干线公路
01.01.02		次要干线公路
01.01.03		主要集散公路
01.01.04		次要集散公路
01.01.05		支线公路
01.02	公路行政等级	
01.02.01		国道
01.02.02		省道
01.02.03		县道
01.02.04		乡道
01.02.05		专用公路
01.03	设计时速	
01.03.01		120km/h
01.03.02		100km/h
01.03.03		80km/h
01.03.04		60km/h
01.03.05		40km/h
01.03.06		30km/h
01.03.07		20km/h
01.04	设计洪水频率	
01.04.01		1/300
01.04.02		1/100
01.04.03		1/50
01.04.04		1/25
01.04.05		不作规定
01.05	设计通航要求	

续表

编号	第1级	第2级
01.05.01		七级 50t
01.05.02		六级 100t
01.05.03		五级 300t
01.05.04		四级 500t
01.05.05		三级 1000t
01.05.06		二级 2000t
01.05.07		一级 3000t
01.06	设计使用年限	
01.06.01		100年
01.06.02		50年
01.06.03		30年
01.07	设计基准期	
01.07.01		100年
01.08	安全等级	
01.08.01		一级
01.08.02		二级
01.08.03		三级
01.09	环境类别	
01.09.01		Ⅰ类
01.09.02		Ⅱ类
01.09.03		Ⅲ类
01.09.04		Ⅳ类
01.10	护栏防撞等级	
01.10.01		一级
01.10.02		二级
01.10.03		三级
01.10.04		四级
01.11	大气腐蚀种类	
01.11.01		C1
01.11.02		C2
01.11.03		C3
01.11.04		C4
01.11.05		C5-I
01.11.06		C5-M

（2）桥梁设计荷载（见附表 A-2）

桥梁设计荷载信息编码 附表 A-2

编号	第1级	第2级	第3级
02.01	汽车荷载等级		
02.01.01		城市汽车荷载	
02.01.01.01			城-A 级
02.01.01.02			城-B 级
02.01.02		公路汽车荷载	
02.01.02.01			公路Ⅰ级
02.01.02.02			公路Ⅱ级
02.02	温度荷载		
02.02.01		整体升温	
02.02.02		整体降温	
02.02.03		梯度升温	
02.02.04		梯度降温	
02.03	桥梁抗震设防类		
02.03.01		A 类	
02.03.02		B 类	
02.03.03		C 类	
02.03.04		D 类	
02.04	抗震烈度等级		
02.04.01		6 度	
02.04.02		7 度	
02.04.03		8 度	
02.04.04		9 度	
02.05	抗震措施等级		
02.05.01		一级	
02.05.02		二级	
02.05.03		三级	
02.05.04		四级	
02.05.05		更高	
02.06	地震动峰值加速度		
02.06.01		$0.05g$	
02.06.02		$0.1g$	
02.06.03		$0.15g$	
02.06.04		$0.2g$	
02.06.05		$0.3g$	
02.06.06		$0.4g$	

（3）桥梁工程特性（见附表 A-3）

桥梁工程特性信息编码　　　　　　　　　　　　　附表 A-3

编号	第1级	第2级	第3级
03.01	工程性质		
03.01.01		新建	
03.01.02		改建	
03.02	桥梁功能类型		
03.02.01		公路桥梁	
03.02.02		市政桥梁	
03.02.02.01			人行桥
03.02.02.02			车行桥
03.02.03		铁路桥梁	
03.02.03.01			铁路桥
03.02.03.02			公铁两用桥
03.03	桥梁规模		
03.03.01		特大桥	
03.03.02		大桥	
03.03.03		中桥	
03.03.04		小桥	

（4）桥梁结构特征（见附表 A-4）

桥梁结构特征信息编码　　　　　　　　　　　　　附表 A-4

编号	第1级	第2级	第3级
04.01	桥梁形式		
04.01.01		梁桥	
04.01.01.01			简支梁桥
04.01.01.02			连续梁桥
04.01.01.03			悬臂梁桥
04.01.02		拱桥	
04.01.02.01			中承式拱桥
04.01.02.02			上承式拱桥
04.01.02.03			下承式拱桥
04.01.03		刚构桥	
04.01.03.01			连续刚构桥
04.01.03.02			斜腿刚构桥
04.01.04		斜拉桥	
04.01.04.01			单塔斜拉桥
04.01.04.02			双塔斜拉桥
04.01.04.03			多塔斜拉桥

续表

编号	第1级	第2级	第3级
04.01.05		悬索桥	
04.01.05.01			自锚式悬索桥
04.01.05.02			地锚式悬索桥
04.01.06		组合结构桥	
04.01.06.01			梁拱组合结构
04.01.06.02			连续梁与斜拉桥组合桥
04.01.06.03			刚构-连续组合梁桥
04.01.06.04			桁架拱组合
04.01.06.05			刚架拱组合
04.01.06.06			斜拉拱组合
04.01.06.07			斜拉悬索结构
04.01.06.08			梁桁组合结构
04.02	桥梁跨数		
04.02.01		单跨	
04.02.02		多跨	
04.03	主梁结构		
04.03.01		钢筋混凝土梁	
04.03.02		预应力钢筋混凝土梁	
04.03.03		钢梁	
04.03.04		钢混组合梁	
04.03.05		钢混混合梁	
04.04	梁截面形式		
04.04.01		板梁	
04.04.02		T梁	
04.04.03		小箱梁	
04.04.04		箱梁	
04.04.05		桁架梁	
04.04.06		组合梁	
04.05	拱桥特征		
04.05.01		拱桥截面	
04.05.01.01			板拱
04.05.01.02			肋拱
04.05.01.03			双曲拱
04.05.01.04			箱型拱
04.05.02		拱肋肢数	
04.05.02.01			单肢拱肋
04.05.02.02			双肢拱肋

续表

编号	第1级	第2级	第3级
04.05.02.03			三肢拱肋
04.05.02.04			四肢拱肋
04.05.03		拱轴线形态	
04.05.03.01			圆弧拱桥
04.05.03.02			抛物线拱桥
04.05.03.03			悬链线拱桥
04.05.04		拱肋形态	
04.05.04.01			桁架拱桥
04.05.04.02			刚架拱桥
04.06	斜拉桥特征		
04.06.01		斜拉桥体系	
04.06.01.01			飘浮体系
04.06.01.02			半飘浮体系
04.06.01.03			塔梁固结体系
04.06.01.04			刚构体系
04.06.02		斜拉桥塔数	
04.06.02.01			独塔
04.06.02.02			双塔
04.06.02.03			多塔
04.06.03		横桥向塔柱数	
04.06.03.01			独柱
04.06.03.02			双柱
04.06.03.03			多柱
04.06.04		索面布置	
04.06.04.01			单索面
04.06.04.02			双索面
04.06.04.03			多索面
04.06.04.04			空间索面
04.06.05		斜拉索索面形态	
04.06.05.01			辐射形
04.06.05.02			竖琴形
04.06.05.03			扇形
04.07	悬索桥特征		
04.07.01		锚固形式	
04.07.01.01			自锚式
04.07.01.02			地锚式
04.07.02		锚碇形式	

续表

编号	第1级	第2级	第3级
04.07.02.01			重力式锚碇
04.07.02.02			隧道式锚碇
04.07.02.03			岩锚锚碇
04.07.03		吊索	
04.07.03.01			骑跨式吊索
04.07.03.02			销接式吊索
04.07.04		索夹	
04.07.04.01			骑跨式索夹
04.07.04.02			销接式索夹
04.07.04.03			锥形封闭索夹
04.07.05		悬索桥锚固系统	
04.07.05.01			预应力锚固
04.07.05.02			型钢锚固
04.07.05.03			锚头承压式
04.07.05.04			销接式
04.07.06		主索鞍	
04.07.06.01			整体式主索鞍
04.07.06.02			分体式主索鞍
04.07.07		散索鞍	
04.07.07.01			摆轴式散索鞍
04.07.07.02			滚轴式散索鞍
04.07.07.03			滑动式散索鞍
04.07.08		悬索桥悬吊跨数	
04.07.08.01			单跨
04.07.08.02			三跨
04.07.08.03			四跨
04.08	梁高度变化情况		
04.08.01		等高梁	
04.08.02		变高梁	
04.09	梁宽度变化情况		
04.09.01		等宽梁	
04.09.02		变宽梁	
04.09.03		分叉形梁	
04.10	板梁截面		
04.10.01		矩形实心板	
04.10.02		装配式实心板	
04.10.03		空心板	

续表

编号	第1级	第2级	第3级
04.10.04		异形板	
04.11	T梁截面		
04.11.01		Ⅰ形	
04.11.02		Ⅱ形	
04.11.03		T形	
04.11.04		双T形	
04.11.05		组合型	
04.12	箱型截面		
04.12.01		单箱单室	
04.12.02		单箱多室	
04.12.03		多箱单室	
04.12.04		多箱多室	
04.13	腹杆布置形式		
04.13.01		芬克式	
04.13.02		人字式	
04.13.03		单斜杆式	
04.13.04		再分式	
04.13.05		交叉式	
04.13.06		K形	
04.13.07		菱形	
04.14	横坡类型		
04.14.01		平坡	
04.14.02		单坡	
04.14.03		双坡	
04.15	加劲肋类型		
04.15.01		板肋	
04.15.02		T肋	
04.15.03		U肋	
04.15.04		L肋	
04.15.05		π肋	
04.16	支座形式		
04.16.01		板式橡胶支座	
04.16.02		盆式橡胶支座	
04.16.03		球型钢支座	
04.16.04		抗震支座	
04.17	桥墩截面		
04.17.01		矩形	

续表

编号	第1级	第2级	第3级
04.17.02		圆形	
04.17.03		圆端形	
04.17.04		尖端形	
04.17.05		组合型	
04.18	桥墩构造		
04.18.01		实体墩	
04.18.02		空心墩	
04.18.03		柱式墩	
04.18.04		框架墩	
04.19	桥墩防撞		
04.19.01		桩支撑系统	
04.19.02		人工岛系统	
04.19.03		漂浮式保护系统	
04.19.04		系缆桩保护系统	
04.19.05		防护板系统	
04.20	重力式桥台类型		
04.20.01		U形桥台	
04.20.02		埋置式桥台	
04.21	轻型桥台类型		
04.21.01		薄壁轻型桥台	
04.21.02		支撑梁轻型桥台	
04.22	框架式桥台类型		
04.22.01		双柱式	
04.22.02		多柱式	
04.22.03		墙式	
04.22.04		半重力式	
04.22.05		双排架式	
04.22.06		板凳式	
04.23	剪力连接类型		
04.23.01		栓钉连接	
04.23.02		槽钢连接	
04.23.03		方钢连接	
04.23.04		T形连接	
04.23.05		弯筋连接	

（5）钢箱梁构造组成（见附表A-5）

钢箱梁构造组成信息编码 附表 A-5

编号	第1级	第2级	第3级	第4级	第5级
05	钢箱梁主梁				
05.01		顶板系统			
05.01.01			顶板		
05.01.02			顶板加劲肋		
05.02		底板系统			
05.02.01			底板		
05.02.02			底板加劲肋		
05.03		腹板系统			
05.03.01			中腹板系统		
05.03.01.01				中腹板	
05.03.01.02				中腹板加劲肋	
05.03.02			边腹板系统		
05.03.02.01				边腹板	
05.03.02.02				边腹板加劲肋	
05.04		横隔板系统			
05.04.01			跨间横隔板系统		
05.04.01.01				实腹式横隔板系统	
05.04.01.01.01					实腹式横隔板
05.04.01.01.02					实腹式横隔板加劲肋
05.04.01.02				框架式横隔板系统	
05.04.01.02.01					框架式横隔板
05.04.01.02.02					框架式横隔板加劲肋
05.04.01.03				单板式横隔板系统	
05.04.01.03.01					单板式横隔板
05.04.01.03.02					单板式横隔板加劲肋
05.04.01.04				加劲式横隔板系统	
05.04.01.04.01					加劲式横隔板
05.04.01.04.02					加劲式横隔板加劲肋
05.04.02			支点横隔板系统		
05.04.02.01				支点横隔板	
05.04.02.02				支点横隔板加劲肋	
05.04.03			梁端封板系统		
05.04.03.01				端封板	
05.04.03.02				端封板加劲肋	
05.05		支点加劲肋系统			
05.05.01			加劲板		
05.05.02			支座垫板		
05.06		其他板件及构造			
05.06.01			侧封板		
05.06.02			装饰板		
05.06.03			检修孔构造		
05.06.04			梁端槽口构造		

(6) 桥梁工程材料（见附表 A-6）

附表 A-6

桥梁工程材料信息编码

编号	第 1 级	第 2 级	第 3 级	第 4 级
06.01	混凝土			
06.01.01		普通混凝土		
06.01.01.01			C25	
06.01.01.02			C30	
06.01.01.03			C35	
06.01.01.04			C40	
06.01.01.05			C45	
06.01.01.06			C50	
06.01.01.07			C55	
06.01.01.08			C60	
06.01.01.09			C65	
06.01.01.10			C70	
06.01.01.11			C75	
06.01.01.12			C80	
06.01.02		高强混凝土		
06.01.03		超高性能混凝土		
06.01.04		纤维增强混凝土		
06.01.04.01			钢纤维混凝土	
06.01.04.02			玻璃纤维混凝土	
06.01.04.03			石棉混凝土	

续表

编号	第1级	第2级	第3级	第4级
06.01.04.04	沥青混凝土		合成纤维混凝土	
06.02		连续级配沥青混合料（AC）		
06.02.01				
06.02.01.01			砂粒式密级配沥青混凝土（AC-5）	
06.02.01.02			细粒式密级配沥青混凝土（AC-10）	
06.02.01.03			细粒式密级配沥青混凝土（AC-13）	
06.02.01.04			中粒式密级配沥青混凝土（AC-16）	
06.02.01.05			中粒式密级配沥青混凝土（AC-20）	
06.02.01.06			粗粒式密级配沥青混凝土（AC-25）	
06.02.02		沥青玛蹄脂碎石混合料（SMA）		
06.02.02.01			细粒式沥青玛蹄脂碎石（SMA-10）	
06.02.02.02			细粒式沥青玛蹄脂碎石（SMA-13）	
06.02.02.03			中粒式沥青玛蹄脂碎石（SMA-16）	
06.02.02.04			中粒式沥青玛蹄脂碎石（SMA-20）	
06.02.03		厂拌热再生沥青混合料		
06.02.04		上拌下贯沥青碎石		
06.02.05		沥青表面处置		
06.03	普通钢筋			
06.03.01		HPB300		
06.03.02		HRB400		
06.03.03		HRBF400		

续表

编号	第1级	第2级	第3级	第4级
06.03.04		RRB400		
06.03.05		HRB500		
06.04	预应力钢绞线			
06.04.01		预应力钢绞线1×2		
06.04.02		预应力钢绞线1×3		
06.04.03		预应力钢绞线1×3I		
06.04.04		预应力钢绞线1×7		
06.04.04.01			预应力钢绞线1×7-9.50	
06.04.04.02			预应力钢绞线1×7-11.10	
06.04.04.03			预应力钢绞线1×7-12.70	
06.04.04.04			预应力钢绞线1×7-15.20	
06.04.04.04.01				预应力钢绞线1×7-15.20-1570
06.04.04.04.02				预应力钢绞线1×7-15.20-1670
06.04.04.04.03				预应力钢绞线1×7-15.20-1720
06.04.04.04.04				预应力钢绞线1×7—15.20-1770
06.04.04.04.05				预应力钢绞线1×7-15.20-1860
06.04.04.04.06				预应力钢绞线1×7-15.20-1960
06.04.04.05			预应力钢绞线1×7-15.70	
06.04.04.06			预应力钢绞线1×7-17.80	
06.04.04.07			预应力钢绞线1×7-18.90	
06.04.04.08		预应力钢绞线1×7I	预应力钢绞线1×7-21.60	

续表

编号	第1级	第2级	第3级	第4级
06.04.05		预应力钢绞线1×7C		
06.04.06		预应力钢绞线1×19S		
06.04.07		预应力钢绞线1×19W		
06.05	消除应力钢丝			
06.05.01		消除应力钢丝-6×7		
06.05.02		消除应力钢丝-6×9W		
06.05.03		消除应力钢丝-6×19S		
06.05.04		消除应力钢丝-6×19W		
06.05.04.01			消除应力钢丝-6×19W+FC	
06.05.04.01.01				消除应力钢丝-6×19W+FC-1570
06.05.04.01.02				消除应力钢丝-6×19W+FC-1670
06.05.04.01.03				消除应力钢丝-6×19W+FC-1770
06.05.04.01.04				消除应力钢丝-6×19W+FC-1860
06.05.04.02			消除应力钢丝-6×19W+IWR	
06.05.04.03			消除应力钢丝-6×19W+IWS	
06.05.05		消除应力钢丝-6×25Fi		
06.05.06		消除应力钢丝-6×26WS		
06.05.07		消除应力钢丝-6×31WS		
06.05.08		消除应力钢丝-6×19W		
06.05.09		消除应力钢丝-6×29Fi		
06.05.10		消除应力钢丝-6×36WS		

续表

编号	第1级	第2级	第3级	第4级
06.05.11		消除应力钢丝-6×37S(点线接触)		
06.05.12		消除应力钢丝-6×41WS		
06.05.13		消除应力钢丝-6×49SWS		
06.05.14		消除应力钢丝-6×55SWS		
06.05.15		消除应力钢丝-8×19S		
06.05.16		消除应力钢丝-8×19W		
06.05.17		消除应力钢丝-8×25Fi		
06.05.18		消除应力钢丝-8×26WS		
06.05.19		消除应力钢丝-8×36WS		
06.05.20		消除应力钢丝-3×49SWS		
06.05.21		消除应力钢丝-8×55SWS		
06.05.22		消除应力钢丝-17×7		
06.05.23		消除应力钢丝-18×7		
06.05.24		消除应力钢丝-18×19W		
06.05.25		消除应力钢丝-18×19S		
06.05.26		消除应力钢丝-34×7		
06.05.27		消除应力钢丝-36×7		
06.05.28		消除应力钢丝-35W×7		
06.05.29		消除应力钢丝-24W×7		
06.05.30		消除应力钢丝-6V×18		
06.05.31		消除应力钢丝-6V×19		

附录A 桥梁工程信息分类与编码表

续表

编号	第1级	第2级	第3级	第4级
06.05.32		消除应力钢丝-6V×21		
06.05.33		消除应力钢丝-6V×24		
06.05.34		消除应力钢丝-6V×30		
06.05.35		消除应力钢丝-6V×34		
06.05.36		消除应力钢丝-6V×37		
06.05.37		消除应力钢丝-6V×37S		
06.05.38		消除应力钢丝-6V×43		
06.05.39		消除应力钢丝-4V×39S		
06.05.40		消除应力钢丝-4V×48S		
06.05.41		消除应力钢丝-6Q×19+6V×21		
06.05.42		消除应力钢丝-6Q×33+6V×21		
06.06	预应力螺纹钢筋			
06.06.01		785		
06.06.02		930		
06.06.03		1080		
06.07	钢材			
06.07.01		Q235		
06.07.02		Q345		
06.07.03		Q390		
06.07.04		Q420		
06.08	铸钢			

续表

编号	第1级	第2级	第3级	第4级
06.08.01		ZG230-450		
06.08.02		ZG270-500		
06.08.03		ZG310-570		
06.09	锻钢			
06.09.01		35号锻		
06.09.02		45号钢		
06.10	焊接材料			
06.10.01		焊条		
06.10.01.01			E43型焊条	
06.10.01.02			E50型焊条	
06.10.01.03			E55型焊条	
06.10.02		焊剂		
06.10.03		焊丝		
06.10.04		焊粉		
06.11	普通螺栓			
06.11.01		4.6级		
06.11.02		4.8级		
06.11.03		5.6级		
06.11.04		8.3级		
06.12	锚栓			
06.12.01		Q235钢		

附录A 桥梁工程信息分类与编码表

续表

编号	第1级	第2级	第3级	第4级
06.12.02	高强度螺栓	Q345钢		
06.13				
06.13.01		8.8S		
06.13.01.01			M20	
06.13.01.02			M22	
06.13.01.03			M24	
06.13.01.04			M27	
06.13.01.05			M30	
06.13.02		10.9S		
06.13.02.01			M20	
06.13.02.02			M22	
06.13.02.03			M24	
06.13.02.04			M27	
06.13.02.05			M30	
06.14	铆钉			
06.14.01		BL2		
06.14.02		BL3		
06.15	锚具			
06.15.01		夹片式锚具		
06.15.01.01			圆形夹片式锚具	
06.15.01.02			扁形夹片式锚具	

续表

编号	第1级	第2级	第3级	第4级
06.15.02		支承式锚具		
06.15.02.01			墩头支承式锚具	
06.15.02.02			螺母支承式锚具	
06.15.03		握裹式锚具		
06.15.03.01			挤压握裹式锚具	
06.15.03.02			压花握裹式锚具	
06.15.04		组合式锚具		
06.15.04.01			冷铸组合式锚具	
06.15.04.02			热铸组合式锚具	
06.16	夹具			
06.16.01		夹片式夹具		
06.16.01.01			圆形夹片式夹具	
06.16.01.02			扁形夹片式夹具	
06.16.02		支承式夹具		
06.16.02.01			墩头支承式夹具	
06.16.02.02			螺母支承式夹具	
06.17	连接器			
06.17.01		夹片式连接器		
06.17.01.01			圆形夹片式连接器	
06.17.01.02			扁形夹片式连接器	
06.17.02		支承式连接器		

续表

编号	第1级	第2级	第3级	第4级
06.17.02.01			墩头支承式连接器	
06.17.02.02			螺母支承式连接器	
06.17.03		挤压握裹式连接器		
06.17.03.01			挤压握裹式连接器	
06.18	波纹管			
06.18.01		塑料波纹管		
06.18.01.01			圆形塑料波纹管	
06.18.01.01.01				C-50
06.18.01.01.02				C-60
06.18.01.01.03				C-75
06.18.01.01.04				C-90
06.18.01.01.05				C-100
06.18.01.01.06				C-115
06.18.01.01.07				C-130
06.18.01.02			扁形塑料波纹管	
06.18.01.02.01				F-41
06.18.01.02.02				F-55
06.18.01.02.03				F-72
06.18.01.02.04				F-90
06.18.02		金属波纹管		
06.18.02.01			圆形金属波纹管	

续表

编号	第1级	第2级	第3级	第4级
06.18.02.01.01				JBG-40B
06.18.02.01.02				JBG-45B
06.18.02.01.03				JBG-50B
06.18.02.01.04				JBG-55B
06.18.02.01.05				JBG-60B
06.18.02.01.06				JBG-65B
06.18.02.01.07				JBG-70B
06.18.02.01.08				JBG-75B
06.18.02.01.09				JBG-80B
06.18.02.01.10				JBG-85B
06.18.02.01.11				JBG-90B
06.18.02.01.12				JBG-95aB
06.18.02.01.13				JBG-96B
06.18.02.01.14				JBG-102B
06.18.02.01.15				JBG-108B
06.18.02.01.16				JBG-114B
06.18.02.01.17				JBG-120B
06.18.02.01.18				JBG-126B
06.18.02.01.19				JBG-132B
06.18.02.01.20				JBG-40Z
06.18.02.01.21				JBG-45Z

附录A 桥梁工程信息分类与编码表

续表

编号	第1级	第2级	第3级	第4级
06.18.02.01.22				JBG-50Z
06.18.02.01.23				JBG-55Z
06.18.02.01.24				JBG-60Z
06.18.02.01.25				JBG-65Z
06.18.02.01.26				JBG-70Z
06.18.02.01.27				JBG-75Z
06.18.02.01.28				JBG-80Z
06.18.02.01.29				JBG-85Z
06.18.02.01.30				JBG-90Z
06.18.02.01.31				JBG-95aZ
06.18.02.01.32				JBG-96Z
06.18.02.01.33				JBG-102Z
06.18.02.01.34				JBG-108Z
06.18.02.01.35				JBG-114Z
06.18.02.01.36				JBG-120Z
06.18.02.01.37				JBG-126Z
06.18.02.01.38				JBG-132Z
06.18.02.02			扁形金属波纹管	
06.18.02.02.01				JBG-52×20B
06.18.02.02.02				JBG-65×20B

续表

编号	第1级	第2级	第3级	第4级
06.18.02.02.03				JBG-78×20B
06.18.02.02.04				JBG-60×22B
06.18.02.02.05				JBG-76×22B
06.18.02.02.06				JBG-90×22B
06.18.02.02.07				JBG-52×20Z
06.18.02.02.08				JBG-65×20Z
06.18.02.02.09				JBG-78×20Z
06.18.02.02.10				JBG-60×22Z
06.18.02.02.11				JBG-76×22Z
06.18.02.02.12				JBG-90×22Z
06.19	支座			
06.19.01		板式橡胶支座		
06.19.01.01			普通板式橡胶支座	
06.19.01.01.01				矩形板式橡胶支座
06.19.01.01.02				圆形板式橡胶支座
06.19.01.02			滑板橡胶支座	
06.19.01.02.01				矩形滑板橡胶支座
06.19.01.02.02				圆形滑板橡胶支座
06.19.02		盆式支座		
06.19.02.01			双向活动支座	
06.19.02.02			纵向活动支座	

附录A 桥梁工程信息分类与编码表

419

续表

编号	第1级	第2级	第3级	第4级
06.19.02.03			横向活动支座	
06.19.02.04			固定支座	
06.19.02.05			减震型纵向活动支座	
06.19.02.06			减震型横向活动支座	
06.19.02.07			减震型固定支座	
06.19.03		球型支座		
06.19.03.01			双向活动支座	
06.19.03.02			单向活动支座	
06.19.03.03			固定支座	
06.19.04		抗拉支座		
06.19.05		抗风支座		
06.19.06		铅芯隔震橡胶支座		
06.19.07		弹塑性钢减震支座		
06.19.08		摩擦摆式减隔震支座		
06.20	伸缩缝装置			
06.20.01		板式橡胶伸缩装置		
06.20.01.01			JJZ-80C	
06.20.01.02			JJZ-120C	
06.20.01.03			JJZ-160C	
06.20.01.04			JJZ-200C	
06.20.01.05			JJZ-80F	

续表

编号	第1级	第2级	第3级	第4级
06.20.01.06			JJZ-120F	
06.20.01.07			JJZ-160F	
06.20.01.08			JJZ-200F	
06.20.02		梳齿板伸缩装置		
06.20.02.01			悬臂式伸缩装置	
06.20.02.01.01				ZJZ 40C
06.20.02.01.02				ZJZ 80C
06.20.02.01.03				ZJZ 120C
06.20.02.01.04				ZJZ 160C
06.20.02.02			简支式伸缩装置	
06.20.02.02.01				ZJZ 200S
06.20.02.02.02				ZJZ 240S
06.20.03		单元式多向变位梳齿板伸缩装置		
06.20.03.01			骑缝式伸缩装置	
06.20.03.02			跨缝式伸缩装置	
06.20.04		节段装配式伸缩装置		
06.20.04.01			单缝式伸缩装置	
06.20.04.01.01				Fss SE 40
06.20.04.01.02				Fss SE 60
06.20.04.01.03				Fss SE 80
06.20.04.01.04				Fss SE 100

续表

编号	第1级	第2级	第3级	第4级
06.20.04.01.05				Fss SE 120
06.20.04.01.06				Fss SE 140
06.20.04.02			模数式伸缩装置	
06.20.04.02.01				Fss ME 160
06.20.04.02.02				Fss ME 240
06.20.05		聚氨酯填充式伸缩装置		
06.20.05.01			PUTF-10	
06.20.05.02			PUTF-20	
06.20.05.03			PUTF-30	
06.20.05.04			PUTF-40	
06.20.05.05			PUTF-50	
06.20.05.06			PUTF-60	
06.20.05.07			PUTF-70	
06.20.05.08			PUTF-80	
06.20.05.09			PUTF-90	
06.20.05.10			PUTF-100	
06.21	PVC塑料管			
06.21.01		Φ50mmPVC塑料管		
06.21.02		Φ80mmPVC塑料管		
06.21.03		Φ110mmPVC塑料管		

续表

编号	第1级	第2级	第3级	第4级
06.22	防腐涂料			
06.22.01		底涂层涂料		
06.22.01.01			环氧磷酸锌底漆	
06.22.01.02			环氧富锌底漆	
06.22.01.03			无机富锌底漆	
06.22.01.04			热喷铝	
06.22.01.05			热喷锌	
06.22.02		封闭层涂料	环氧封闭漆	
06.22.03		中间涂层涂料		
06.22.03.01			环氧(厚浆)漆	
06.22.03.02			环氧(云铁)漆	
06.22.04		面涂层涂料		
06.22.04.01			氟碳树脂漆	
06.22.04.02			丙烯酸脂肪族聚氨酯面漆	
06.22.04.03			聚硅氧烷面漆	
06.22.04.04			氟碳面漆	
06.22.04.05		底面合一涂层材料		
06.22.04.05.01			超强/耐磨环氧漆	
06.22.04.05.02			环氧玻璃鳞片漆	
06.22.04.05.03			环氧漆	

(7) 桥梁设计规范及条文（见附表 A-7）

桥梁设计规范及条文信息编码　　　　　　　　附表 A-7

编号	第1级
07.01	《桥梁用结构钢》GB/T 714—2015
07.02	《公路工程技术标准》JTG B01—2014
07.03	《公路桥涵设计通用规范》JTG D60—2015
07.04	《公路钢结构桥梁设计规范》JTG D64—2015
07.05	《公路钢筋混凝土及预应力混凝土桥涵设计规范》JTG D3362—2018
07.06	《公路桥涵地基与基础设计规范》JTG 3363—2019
07.07	《公路桥梁抗风设计规范》JTG/T 3360-01—2018
07.08	《公路桥梁抗震设计规范》JTG/T 2231-01—2020
07.09	《公路桥涵施工技术规范》JTG/T 3650—2020
07.10	《钢结构工程施工质量验收标准》GB 50205—2020
07.11	《公路钢桥面铺装设计与施工技术规范》JTG/T 3364-02—2019
07.12	《公路桥梁钢结构防腐涂装技术条件》JT/T 722—2008
07.13	《城市桥梁设计规范》CJJ 11—2011(2019 年版)
07.14	《城市桥梁抗震设计规范》CJJ 166—2011
07.15	《城市桥梁工程施工与质量验收规范》CJJ 2—2008
07.16	《城市桥梁检测与评定技术规范》CJJ/T 233—2015
07.17	《公路钢桥正交异性钢桥设计施工技术规范》DB61/T 937—2014
07.18	《城镇桥梁钢结构防腐蚀涂装工程技术规程》CJJ/T 235—2015
07.19	《钢结构焊接规范》GB 50661—2011
07.20	美国规范:美国国家高速公路和交通运输协会《荷载抗力分项系数法桥梁设计规范—2017》第六章钢桥
07.21	日本规范:《道路桥示方书》2012 Ⅱ 钢桥篇
07.22	欧洲规范:《钢桥设计》BS EN1993-2：2005
07.23	欧洲规范:《钢和混凝土组合桥梁设计规范》BS EN1994-2：2005
07.24	欧洲规范:《钢结构设计规范:疲劳》BS EN1993-1-9：2005
07.25	欧洲规范:《桥梁设计荷载》BS EN1991-2：2005
07.26	英国国家标准:《钢桥、混凝土桥及结合桥》BS5400

(8) 钢箱梁受力及验算属性（见附表 A-8）

钢箱梁受力及验算属性信息编码　　　　　　　　附表 A-8

编号	第1级	第2级	第3级
08.01	结构响应类型		
08.01.01		内力类型	
08.01.01.01			弯矩
08.01.01.02			扭矩

续表

编号	第1级	第2级	第3级
08.01.01.03			剪力
08.01.01.04			轴力
08.01.02		应力类型	
08.01.02.01			正应力
08.01.02.02			剪应力
08.01.02.03			mises应力
08.01.03		位移类型	
08.01.03.01			纵向位移
08.01.03.02			横向位移
08.01.03.03			竖向位移（挠度）
08.02	计算体系		
08.02.01		第一体系	
08.02.02		第二体系	
08.02.03		第三体系	
08.02.04		第一体系+第二体系	
08.03	钢箱梁规范验算内容		
08.03.01		第一体系验算	
08.03.01.01			主梁总体刚度验算
08.03.01.02			支反力验算
08.03.01.03			抗倾覆验算
08.03.01.04			考虑剪力滞和受压局部稳定效应的顶底板纵向应力验算
08.03.01.05			顶底板受拉区疲劳应力验算
08.03.01.06			腹板剪应力验算
08.03.01.07			整体稳定验算
08.03.02		第一体系与第二体系叠加验算	
08.03.02.01			顶板应力验算
08.03.02.02			顶板受拉区疲劳应力验算
08.03.03		第三体系验算	
08.03.03.01			顶板纵向加劲肋刚度验算
08.03.04		其他构造验算	
08.03.04.01			腹板及腹板加劲肋构造验算
08.03.04.02			受压板件加劲肋构造尺寸及刚度验算
08.03.04.03			翼缘板构造验算
08.03.04.04			跨间隔板强度及刚度验算
08.03.04.05			支撑加劲肋验算
08.03.04.06			支点横隔板强度计算
08.03.04.07			焊缝计算

(9) 钢桥制造安装信息（见附表 A-9）

钢桥制造安装信息编码　　　　　　　　　　　　　附表 A-9

编号	第1级	第2级	第3级
09.01	运输方式		
09.01.01		陆运	
09.01.02		水运	
09.01.03		陆运＋水运	
09.02	钢构件连接方式		
09.02.01		焊接	
09.02.02		螺栓连接	
09.02.02.01			普通螺栓连接
09.02.02.02			高强度螺栓连接
09.02.03		焊接＋螺栓连接	
09.03	施工图工艺性审查信息		
09.03.01		施工可操作性审查	
09.03.02		制造线形要素审查	
09.03.03		焊接接头形式审查	
09.03.04		防腐体系审查	
09.04	切割工艺信息		
09.04.01		坡口形式	
09.04.01.01			I型坡口
09.04.01.02			V型坡口
09.04.01.03			单边V型坡口
09.04.01.04			X型坡口
09.04.01.05			K型坡口
09.04.01.06			U型坡口
09.04.01.07			单边U型坡口
09.04.02		切割工艺	
09.04.02.01			空气等离子切割机切割
09.04.02.02			火焰数控切割机切割
09.04.02.03			多头切割机床切割
09.04.02.04			专用锯切机床切割
09.04.03		坡口加工设备	
09.04.03.01			铣削加工
09.04.03.02			专用数控铣床加工
09.04.03.03			数控折弯机压制成型
09.05	焊缝设计信息		
09.05.01		焊接方法	

续表

编号	第1级	第2级	第3级
09.05.01.01			对接接头
09.05.01.02			搭接接头
09.05.01.03			T形接头
09.05.01.04			角接接头
09.05.02		焊条型号	
09.05.02.01			E43型
09.05.02.02			E50型
09.05.02.03			E55型
09.05.03		衬垫类型	
09.05.03.01			钢衬垫
09.05.03.02			陶瓷衬垫
09.05.03.03			其他衬垫
09.05.03.04			无
09.05.04		焊接姿态	
09.05.04.01			俯焊(平焊)
09.05.04.02			横焊
09.05.04.03			立焊
09.05.04.04			仰焊
09.05.05		焊接难度	
09.05.05.01			A级
09.05.05.02			B级
09.05.05.03			C级
09.05.05.04			D级
09.05.06		焊脚类型	
09.05.06.01			等边角焊缝
09.05.06.02			不等边角焊缝
09.06	焊缝检测		
09.06.01		焊缝质量等级	
09.06.01.01			一级
09.06.01.02			二级
09.06.01.03			三级
09.06.02		探伤方法	
09.06.02.01			超声波探伤
09.06.02.02			射线探伤
09.06.02.03			磁粉探伤
09.06.03		检验等级	
09.06.03.01			A级

续表

编号	第1级	第2级	第3级
09.06.03.02			B级
09.06.03.03			AB级
09.06.04		评定等级	
09.06.04.01			Ⅰ级
09.06.04.02			Ⅱ级
09.06.04.03			Ⅲ级
09.06.04.04			Ⅳ级
09.07	防腐涂装工艺		
09.07.01		涂层体系保护年限	
09.07.01.01			普通型,10~15年
09.07.01.02			长效型,15~20年
09.07.02		涂装部位	
09.07.02.01			外表面
09.07.02.02			非封闭环境内表面
09.07.02.03			封闭环境内表面
09.07.02.04			钢桥面
09.07.02.05			干湿交替区和水下区
09.07.02.06			防滑摩擦面
09.07.02.07			附属钢构件
09.07.03		涂装阶段	
09.07.03.01			初始涂装
09.07.03.02			维修涂装
09.07.03.03			重新涂装
09.07.04		涂层类型	
09.07.04.01			底涂层
09.07.04.02			封闭涂层
09.07.04.03			中间涂层
09.07.04.04			面涂层
09.07.04.05			底面合一涂层

（10）判断类属性（见附表 A-10）

设计合理性判断信息编码　　　　　　　　附表 A-10

编号	第1级	第2级
10.01	合理性	
10.01.01		合理
10.01.02		不合理
10.02	参数准确性	

续表

编号	第1级	第2级
10.02.01		准确
10.02.02		需修正
10.03	是否通过	
10.03.01		通过
10.03.02		不通过

参 考 文 献

[1] 杨旭. 飞机数字化协同设计 [M]. 北京：航空工业出版社，2017. 1.
[2] 陈晓明. 大型复杂钢结构数字化建造 [M]. 北京：中国电力出版社，2017. 7.
[3] 陈民. 钢混外倾斜拉桥塔柱施工技术研究 [D]. 重庆：重庆交通大学，2015.
[4] 姜曦，王君峰. BIM 导论 [M]. 北京：清华大学出版社，2017.
[5] 清华大学 BIM 课题组，互联立方 isBIM 公司 BIM 课题组. 设计企业 BIM 实施标准指南 [M]. 北京：中国建筑工业出版社，2013.
[6] 何关培. 那个叫 BIM 的东西究竟是什么 [M]. 北京：中国建筑工业出版社，2011.
[7] 中国建筑施工行业信息化发展报告，BIM 深度应用与发展 [M]. 北京：中国城市出版社，2015.
[8] BIM Handbook：A Guide to Building Information Modeling for Owners，Managers，Designers，Engineers，and Contractors. [J]. Civil Engineering，2008.
[9] Xin Li，Qichen J，Xin Y U，et al. Application Research of BIM Management System in Electromechanical Pipeline Installation Engineering [J]. Construction Technology，2019.
[10] 徐友全，孔媛媛. BIM 在国内应用和推广的影响因素分析 [J]. 工程管理学报，2016，30（002）：28-32.
[11] 杨凯，胡桂梅. 中美 BIM 技术发展应用对比研究 [J]. 山西建筑，2015，000（032）：235-236.
[12] 计凌峰. 建筑信息模型（BIM）技术在我国现状及障碍研究 [J]. 江西建材，2015（19）：129-129.
[13] 王艳. BIM 技术在钢结构桥梁精细设计及施工中的应用研究 [D]. 镇江：江苏科技大学，2018.
[14] 沈长江. BIM 技术在钢结构桥梁中的应用研究 [D]. 南昌：华东交通大学，2019.
[15] 沈海华. 基于 BIM 的桥梁养护管理研究 [D]. 重庆：重庆交通大学，2017.
[16] 李亚君. BIM 技术在桥梁工程运营阶段的应用研究 [D]. 重庆：重庆交通大学，2015.
[17] 陈秋竹. 桥梁设计阶段的 BIM 模型建立研究 [D]. 重庆：重庆交通大学，2016.
[18] 王珺. BIM 理念及 BIM 软件在建设项目中的应用研究 [D]. 成都：西南交通大学，2011.
[19] 周义君. 基于技术创新扩散视角的我国 BIM 政策研究 [D]. 重庆：重庆大学，2018.
[20] 徐世杰. 基于 BIM 技术的项目建设管理应用研究 [D]. 杭州：浙江工业大学，2015.
[21] 杜利鹏. 基于 BIM 的建筑施工项目管理流程优化研究 [D]. 邯郸：河北工程大学，2018.
[22] 张程. BIM 技术在深基坑工程的应用研究 [D]. 湘潭：湖南科技大学，2017.
[23] 张菲. 基于 BIM 的业主方设计管理研究 [D]. 济南：山东建筑大学，2019.
[24] 张建江. 基于 BIM 的建筑企业运营管理研究 [D]. 天津：天津大学，2017.
[25] 覃锦萍. L 公司 BIM 咨询服务商业计划书 [D]. 广州：暨南大学，2017.
[26] 李占鑫. 基于 BIM 技术的大型商业项目运维管理的研究 [D]. 天津：天津大学，2017.
[27] Frida Krantz. Building Information Modeling In the production phase of civil works [D]. Stockholm，KTH Architecture and the Built Environment，2012.
[28] Yang Ji，ABorman，M. ObergieBer. Towards the Exchange of Parameric Bridge Model Using a Neutral Data Format [J]. Amerian Society of Civil Engineers. 2011.
[29] Jerund Johansen. BIM in Bridge Design [D]. Department of Structural Engineering，Science and Technology of Norwegian Universiy，2013.